La senda de la Mediación

GUÍA PRÁCTICA
PARA FORMARSE COMO
MEDIADOR ESCOLAR Y EDUCATIVO

Autor
Jorge de Prada de Prado

Prólogo
M.ª Carme Boqué Torremorell

NARCEA, S.A. DE EDICIONES
MADRID

*A Marifé, Héctor y Sira por su cariño, su apoyo constante y su
ayuda, sin los que este proyecto no sería una realidad.*

*A la Comunidad Educativa del IES "Ramiro II" de La Robla que me
ha permitido crecer como docente, como persona y sobre todo como
especialista en convivencia y mediación escolar.*

© NARCEA, S.A. DE EDICIONES, 2024
Paseo Imperial, 53-55. 28005 Madrid. España
www.narceaediciones.es

ISBN papel: 978-84-277-3149-3
ISBN ePdf: 978-84-277-3150-9
ISBN ePub: 978-84-277-3151-6
Depósito legal: M-3829-2024

Composición: Montytexto

Ilustración de cubierta: 123rf

Impreso en España. Printed in Spain

La violencia, como forma para obtener la justicia, es tanto poco práctica como inmoral. No es práctica porque supone una espiral descendiente hacia la destrucción de todos. La vieja ley del ojo por ojo deja a todos ciegos. Es inmoral porque busca la humillación del oponente en lugar de su comprensión; busca la aniquilación en lugar de la aceptación.

La violencia es inmoral porque produce más odio que amor. Destruye a las comunidades y hace que el hermanamiento sea imposible. Somete a la sociedad al monólogo en lugar del diálogo. La violencia termina por derrotarse a sí misma. Crea amargura en los supervivientes y brutalidad en los destructores.

DR. MARTIN LUTHER KING, JR. (1929-1968)

Índice

II. LA PRÁCTICA DE LA MEDIACIÓN ESCOLAR

© narcea, s.a. de ediciones

III. CASOS RESUELTOS DE MEDIACIÓN ESCOLAR

Prefacio
Usar el diálogo para la gestión de los conflictos

Jorge de Prada, compañero durante muchos años en trabajos de convivencia, nos presenta un nuevo libro sobre la mediación. Son muchos los años que viene practicando lo que escribe, en su Instituto de La Robla, y llevando también a cabo la formación de compañeros y compañeras en muchos lugares de España. Todos recordamos los materiales de "Armonía" y las sesiones de formación realizadas por vía digital. Por ello, nos felicitamos de la publicación de este libro, en el que recoge y sistematiza todas sus aportaciones, ofreciendo un manual concreto y práctico, basado en su larga experiencia en el trabajo de la gestión de los conflictos utilizando la mediación como su herramienta fundamental.

Siempre me ha impresionado el convencimiento que tiene Jorge de Prada sobre la eficacia de la mediación y su utilidad para la construcción de la convivencia a través de la gestión pacífica de los conflictos. Tal y como aparece en el libro, la mediación no es para Jorge una mera técnica para resolver conflictos cotidianos en las aulas y en el centro educativo. Por el contrario, la mediación resulta ser una herramienta clave para la gestión de los conflictos porque se basa en el diálogo, porque considera que es la palabra el principal instrumento para resolver positivamente nuestras diferencias, porque se centra en la responsabilidad de cada persona para buscar la alternativa que tenga en cuenta los intereses de ambas partes.

En efecto, la mediación es, fundamentalmente, un proceso de diálogo. En la mediación se renuncia a la utilización de medios violentos, sean físicos o psicológicos, que buscan intentar quedar por encima de la otra parte, Por el contrario, se parte de una posición de reconocimiento de la otra persona, de su legitimidad para defender sus intereses, y se intenta entender y comprender sus pensamientos y emociones, con vistas a buscar una solución que deje satisfechas a ambas partes. Se trata de un planteamiento en el que ambas partes buscan, ante todo, ganar, quedando muy lejos de otras alternativas en las que una de las partes busca la imposición, quedarse con la razón, aunque sea a cambio de hundir a la otra parte.

La responsabilidad de la mediación es de los propios sujetos, que buscan la solución más adecuada a sus intereses. Son ayudados por una tercera persona, la mediadora, que, lejos de proponer sus propias alternativas, anima y procura que el diálogo fluya adecuadamente, ayudando a la reflexión, preguntando y aclarando lo que no aparezca claro, fomentando la escucha activa entre ambas partes en busca del acuerdo más beneficioso para ambas partes.

Vivimos en una sociedad en la que el diálogo, la escucha, el reconocimiento de la otra persona y la búsqueda conjunta de soluciones basadas en el ganar-ganar sea lo normal y habitual. De ahí la importancia de que, desde el ámbito escolar, se promuevan estas prácticas, que se apliquen a los conflictos del día a día y se fomente la mediación en los conflictos que surgen de manera habitual en la relación interpersonal. Porque la mediación es clave como técnica, pero es más importante como valor, filosofía y actitud para la gestión de los conflictos.

Recuerdo un final de curso en una ciudad andaluza, en la que celebrábamos el cierre del curso de mediación y despedíamos a los alumnos y alumnas que terminaban su etapa en el Instituto. Una de ellas, en nombre de todos los compañeros y compañeras, nos dio una lección inolvidable. "Estoy muy contenta por todo lo que he podido aprender en este Instituto, que me va a permitir estudiar la carrera que siempre quise. Pero estoy mucho más agradecida porque, al haber podido ser mediadora, he aprendido una cosa fundamental, que me va a servir para toda mi vida: la importancia del diálogo y de buscar la resolución de los conflictos a través de la palabra".

Solo me queda felicitar a Jorge de Prada por su libro y sus experiencias, deseándole que siga muchos años en este trabajo, con el mismo entusiasmo y energía con que ha venido haciéndolo hasta ahora.

PEDRO Mª URUÑUELA NÁJERA

Prólogo

Un título acertado

La senda de la mediación es un título francamente acertado para una obra que trata de la gestión positiva de los conflictos con la mirada puesta en la práctica. Una senda es un camino estrecho que suele formarse tras el tránsito continuado de personas que se dirigen hacia un determinado lugar u objetivo, tal vez buscando una vía nueva y mejor de viajar. Y precisamente así es como ha surgido la mediación, gracias a los pasos de quienes han ido trazando el camino día tras día, poniéndose en marcha ante la explosión de un conflicto y dirigiéndose hacia un acuerdo de paz lejos de las autopistas que conducen al enfrentamiento, al litigio y a la violencia. Jorge de Prada no solo ha peregrinado por la senda de la mediación, sino que ha contribuido a desbrozarla y a hacerla más transitable: ha dejado huella. No es de extrañar, pues, que en este libro nos muestre los secretos mejor guardados de mediadores y mediadoras que, como el mismo autor, han cruzado infinidad de veces ese puente capaz de acercar posiciones opuestas, de promover mutuo entendimiento, de reparar daños y de generar perdón y reconciliación.

Como en todo viaje, antes de partir es necesario disponer de un mapa donde señalar los hitos más importantes del itinerario y esto es lo que encontramos al principio del libro. Tener claros los fundamentos de la mediación es de gran utilidad práctica, puesto que unas bases teóricas sólidas ofrecen seguridad y confianza. Por ello, quienes emprendan la aventura de la mediación por primera vez van a disfrutar de unas orientaciones que no harán sino reforzar algunas de sus intuiciones previas, a saber: a la hora de gestionar un conflicto deben existir alternativas a la mera sanción; tiene todo el sentido del mundo que las personas involucradas en un conflicto

también se responsabilicen de su solución; los conflictos no deben erradi-
carse, ya que son necesarios para señalar lo que no funciona en el mundo,
pero tampoco es forzoso que sean dañinos; y un largo etcétera de sentimientos y pensamientos que nos hacen más humanos en nuestra vulnerabilidad. Por otra parte, quienes ya hayan tenido algún contacto con
la mediación, disfrutarán con el estilo ágil, directo y sintético con que el
autor destila las claves de la mediación, sus orígenes, los distintos modelos
que han contribuido a su actual configuración y sus principales beneficios.

Otra condición necesaria para ejercer la mediación es conocer el terreno que se pisa, o sea, los conflictos. Esta cuestión, en el libro, se aborda
a través de definiciones, actividades prácticas y, sobre todo, cuadros donde se resumen aquellos aspectos que será conveniente recordar.

Una correcta aproximación al conflicto resulta del todo imprescindible para conducir con acierto cualquier proceso de mediación, con que la
mayoría de las consideraciones que aquí encontramos ayudan a identificar con exactitud los elementos que conforman el paisaje del conflicto. El
autor también indica las zonas resbaladizas como, por ejemplo, la dificultad de intervenir cuando lo que hay en juego son necesidades en vez de
intereses, la inconveniencia de exceder los recursos disponibles a la hora
de construir el consenso o la actuación en conflictos escolares cuando
alcanzan niveles altos de violencia.

Ahora ya es momento de preparar el equipaje con los recursos imprescindibles para manejar un proceso de mediación. En este sentido, el capítulo dedicado a la comunicación suministra las herramientas propias de la
escucha activa partiendo de lo general a lo más específico, de tal modo que
el lector se adentra, casi sin darse cuenta, en los distintos estilos comunicativos y en las estrategias de habla (asertividad) y de escucha (parafraseo,
clarificación, resumen, etc.) que favorecen la comprensión del punto de
vista de las personas que se ven envueltas en un conflicto, sin olvidar el
lenguaje corporal (mirada, postura, gestos). La esencia de la mediación es
el diálogo, eso es, la capacidad de transmitir y recibir mensajes que puedan
ser bien comprendidos (efectividad) y, a poder ser, generen empatía entre
los interlocutores (afectividad). No se trata, como podría parecer, de analizar los discursos para determinar quién dice la verdad y quién engaña,
sino más bien de lograr que cada persona se ponga en el lugar de la otra
sin juzgarla, lo cual supone una verdadera revolución.

Sin duda alguna, una de las primeras dificultades que afronta la mediación es la litigiosidad con que ambas partes del conflicto cuentan lo
sucedido, ya que suelen mostrarse más preocupadas por atacar a su oponente que por comprenderlo.

© narcea, s.a. de ediciones

De nuevo, el detalle con que el autor expone cada una de las técnicas, junto con los correspondientes ejemplos, favorece su asimilación por parte de quienes desean desarrollar las competencias básicas de comunicación interpersonal.

Ya en el campo de la mediación escolar, la obra realiza importantes contribuciones fruto, sobre todo, de años de práctica y perfeccionamiento en la aplicación de la mediación al contexto educativo. Los centros docentes cuentan, en lo tocante a la convivencia, con características singulares —como la relación intensa y continuada de las mismas personas durante muchas horas al día, cinco días a la semana y a lo largo de varios años de la vida— que hacen que merezca la pena hallar la manera de gozar de un clima de convivencia positivo que acompañe tanto a la labor educativa como a la necesidad de crecer como personas autónomas. Aquí ya aparecen los principios esenciales de la mediación, así como varias opciones a la hora de implementarla según lo requiera cada contexto. Con todo, la formación específica, tal y como señala el autor, es insoslayable para lograr que la mediación fructifique.

Para comprender la dinámica de la mediación lo mejor es definir sus fases. En este libro, se presenta un guion que comprende seis movimientos que van desde la premediación al acuerdo. Se trata de una secuencia de pasos muy contrastados lo mismo dentro del ámbito de la mediación escolar, que en los ámbitos internacional, familiar, intercultural, comunitario, laboral, mercantil, sanitario y penal, entre otros. La finalidad del guion es clara: ayudar a los equipos de mediación a sistematizar, casi a ritualizar, el proceso de gestión positiva de los conflictos, de modo que puedan manejar las reuniones de mediación con total solvencia. No se debe confundir la falta de directividad de los mediadores y las mediadoras —que no se inmiscuyen para nada en el contenido que se dirime— con su responsabilidad a la hora de conducir la reunión adecuadamente.

Con el guion bien aprendido, los servicios de mediación escolar ya están listos para poner manos a la obra. Sin embargo, desde que estalla un conflicto hasta que comienza la mediación hay una serie de requisitos que el centro educativo debe tener en cuenta. Por una parte, los sistemas de mediación tienen que estar bien arropados por la comunidad educativa, ya que es al conjunto de las familias, del alumnado, del profesorado y de otros profesionales y trabajadores del centro a quienes les corresponde dejar clara la opción por el diálogo y la paz como canal primordial de abordaje de los conflictos.

Gracias a su larga experiencia en la implementación de la mediación escolar, el autor indica con gran acierto el itinerario a seguir, despejando las dudas naturales que la introducción de un cambio como este acarrea y aconsejando sobre los espacios donde realizar las mediaciones, la capacitación del alumnado mediador a través de un taller, los tiempos para practicar la mediación o la motivación de los miembros del equipo.

Una vez enmarcada la práctica de la mediación, tanto a nivel teórico como práctico, el libro se centra en los descubrimientos fundamentados en la dilatada experiencia del autor. Jorge de Prada lleva ya más de dos décadas como mediador escolar en activo y como formador de equipos de mediación, pero no son los años los que le han llevado a ser un profundo conocedor de este proceso de gestión pacífica de los conflictos, sino su calidad como persona y como educador que le han movido a luchar por el bienestar del alumnado y del profesorado, por la igualdad de oportunidades, por los derechos humanos y por una justicia justa, valga la redundancia, que no penalice insistentemente a los más vulnerables. La comprensión de la mediación comienza con la comprensión de la dignidad del otro, del diferente, del opuesto.

Aquí ya encontramos la voz de un experto que comparte, generosamente, su contrastada sabiduría sobre el perfil y las características personales que se deben reunir para el buen desempeño de la mediación que le lleva a poner el foco, de manera muy especial, en la disponibilidad y el compromiso de los futuros mediadores y mediadoras antes que en sus competencias técnicas. También se insiste en el dominio del proceso y su control por parte del mediador, en el manejo apropiado del poder, en la importancia de no dar consejos o en cómo tomar anotaciones sin perder el hilo de la comunicación efectiva y afectiva a la que ya se ha hecho alusión.

Dando un paso más, se muestra cómo en aquellos centros que han hecho una apuesta fuerte por la mediación es posible abordar conflictos bastante más complejos de lo que se pudiese llegar a pensar: conflictos intergrupales, es decir, con varios actores e, incluso, polarizados en base a prejuicios y estereotipos de un grupo contra el otro; conflictos familiares poco regulados, personas cada vez más influidas por las pantallas o con problemas de salud mental y adicciones que rebotan en la escuela; conflictos debidos a conductas disruptivas en el aula que implican alumnado y profesorado; y conflictos del espectro del acoso escolar y ciberacoso.

Estos ejemplos son realmente valiosos, puesto que aunque el propio autor se muestra muy prudente a la hora de generalizar la mediación a situaciones como las anteriores, conectan perfectamente con las necesidades actuales de los centros educativos. No olvidemos que la mediación internacional se emplea con buenos resultados en conflictos armados, guerras y terrorismo, donde ni las leyes ni el respeto por los derechos humanos son efectivos a la hora de terminar con las hostilidades. Con ello queremos señalar que, en verdad, no es la gravedad de la situación lo que marca la posibilidad de recurrir o no al uso de mediación en el manejo de un conflicto. Tal vez la diferencia fundamental sea que en el ámbito internacional los mediadores tienen una alta cualificación profesional, mientras que en la escuela la mediación se ejerce de forma amateur.

También es un acierto subrayar el papel de las emociones y los sentimientos tanto en la aparición como en la resolución de los conflictos. Una de las claves para una buena mediación consiste en hacer aflorar las emociones para poder reconocerlas y canalizarlas en positivo, como energía que se invierte en pasar de una situación de malestar a otra de bienestar. Por ello, el desarrollo de competencias socioemocionales contribuye enormemente al buen funcionamiento de la mediación y viceversa.

Como bien señala el autor, la mediación impulsa el crecimiento emocional de mediadores y mediados redundando en el bienestar global de la comunidad educativa. Más sintéticamente, se mencionan los componentes éticos de la mediación que, de cualquier modo, imbuyen todo el texto adhiriendo la práctica mediadora al cultivo de la cultura de la paz.

Finalmente, junto con los muchos y variados recursos que se incluyen en el libro, figuran ejemplos de los documentos que acompañan al proceso mediador, desde el inicio al cierre. Aunque lo más sobresaliente es la decena de casos resueltos con que concluye la obra, ya que por una parte muestran conflictos que son comunes a la mayoría de los centros docentes y, por la otra, escenifican el diálogo de la reunión de mediación puntualizándolo con comentarios que resaltan ciertos aspectos a destacar. Entre las situaciones que contiene este "reportaje fotográfico" sobre la mediación escolar, se ha cuidado de mostrar conflictos muy variados y de distinta intensidad en que se ven envueltos alumnos y alumnas, docentes, familias, personal del centro y vecindario.

Cada caso ilustra maravillosamente los resultados positivos que arroja la gestión de conflictos de toda índole por la vía mediadora para las personas involucradas, que pueden poner fin a su sufrimiento, y para el entorno, que se torna mucho más amable y acogedor.

Retomando la imagen de la mediación como una senda hacia la paz, tal como sugiere el título del libro, es imposible resistirse a hacer alusión a los conocidísimos versos de Fray Luis de León, ya que también es en tierras leonesas donde Jorge de Prada, antes de internacionalizarse con su magnífica página sobre mediación (mediacionescolar.org), ha forjado su vasto conocimiento y dominio de la mediación aplicada a los centros educativos:

© narcea, s.a. de ediciones

> ¡Qué descansada vida
> la del que huye del mundanal ruido
> y sigue la escondida
> senda por donde han ido
> los pocos sabios que en el mundo han sido!

En estas rimas, Fray Luis de León expresa un claro anhelo de paz, una paz que puede asociarse a un espacio físico aunque, bajo nuestro punto de vista, también toma una dimensión moral, espiritual, intelectual y afectiva en aras de una existencia éticamente valiosa por su sencillez y sabiduría. Cualidades todas ellas que, como verá quien se acerque a esta obra, están muy presentes en la senda de la mediación que le invitamos a recorrer.

MARIA CARME BOQUÉ TORREMORELL
Barcelona, 23 de abril de 2023

Introducción

La senda de la mediación es un camino de conocimiento personal y también social, es un tránsito hacia la posibilidad de ayudar en la gestión y resolución de conflictos entre personas. Todos y todas tenemos la capacidad de hacer una labor mediadora, y la hemos hecho en múltiples ocasiones de manera espontánea, en pequeños o grandes problemas que aparecen en nuestras relaciones del día a día. Porque la vida es conflicto, y como no podemos evitarlo, deberíamos al menos estar capacitados con algunas herramientas que nos permitan afrontarlo de manera positiva, pacífica y dialogada.

Este libro trata de dar las claves y las técnicas para que usted, lector o lectora, pueda resolver sus conflictos, pero, sobre todo, para que pueda a ayudar a otras personas a resolver los suyos. Se formará progresivamente en todo lo necesario para realizar esa labor, en cualquier ámbito, pero en especial en el entorno educativo y escolar. Es en este espacio de desarrollo de los jóvenes donde la mediación se transforma en una especie de "varita mágica" que consigue implicar a toda la Comunidad Educativa en un proyecto global de mejora del clima y de la convivencia escolar.

El libro presenta tres partes diferenciadas como tres hitos o balizas en el camino de la mediación, que nos llevará a tener esa visión final de conjunto de lo que supone la Mediación Escolar.

La primera parte es la más teórica, pero muy práctica a la vez, ya que partiendo de los fundamentos de la Educación para la Paz y los Derechos Humanos que están detrás de cualquier práctica restaurativa, trabajaremos las técnicas que se emplean en la mediación, aprenderemos a analizar conflictos correctamente y nos formaremos en todas las técnicas de comunicación que se emplean en los procesos mediadores como la escucha activa, las técnicas de asertividad y las habilidades de comunicación no verbal. Finalizaremos esta primera parte exponiendo ya un modelo de mediación concreto que ampliaremos en la tercera parte del libro.

La segunda parte nos acercará a cuestiones de mi experiencia como mediador en el entorno escolar. Veremos cómo un sistema de mediación en las escuelas puede ser un elemento de ayuda en múltiples tipologías de conflictos escolares. También hablaremos de las características de los mediadores escolares y por último de una temática menos abordada en mediación, como es lo relativo a las emociones en el conflicto, y la ética de los mediadores y las mediadoras.

La tercera y última parte del libro es la más práctica y está basada en *Casos reales de mediación* en el ámbito educativo que están relatados y dramatizados en un orden acorde con su nivel de dificultad, de los más sencillos y habituales a otros que necesitan de mayor nivel de capacitación de los mediadores. Por último, en el Anexo, se incluyen los Modelos de Documentos que yo he empleado para realizar estos procesos de mediación.

Espero que esta senda que ahora comienza le lleve a una mejora personal y profesional y que usted pueda ver, como yo veo, el maravilloso paisaje que es la Mediación Escolar.

Fundamentos
y Técnicas
de la Mediación

Es necesario comenzar este libro, en el que usted se formará como mediador o mediadora escolar, con los elementos teóricos esenciales para que comprenda los fundamentos de esta especial técnica de resolución de conflictos y su incorporación al espacio educativo y escolar. Siempre se ha dicho que es necesario tener modelos teóricos para saber hacia donde conducir nuestras prácticas, y ese es el objetivo principal de esta primera parte que debe leer, estudiar y comprender en su totalidad.

La mediación en el ámbito escolar no se reduce a la aplicación de unas habilidades concretas para resolver conflictos, aunque también, sino que va más allá de esa parte meramente técnica para convertirse en una estrategia educativa y transformadora de las personas que pasan por ella y de las propias instituciones donde se desarrolla, creando, en algunos casos, una verdadera cultura de la mediación. Esto es tan importante en un centro escolar como el hecho mismo de la resolución de los conflictos.

Para entender el alcance de esta realidad es necesario que aprenda e interiorice completamente los fundamentos, los pilares sobre los que se asienta la mediación y que la definen como estrategia de mejora de la convivencia, de las relaciones y del clima en las escuelas de cualquier nivel educativo y de cualquier parte del mundo. También deberá usted conocer diferentes modelos de mediación para poder valorar lo que mejor pueda adaptarse a su realidad educativa en un futuro proyecto de mediación. Será muy importante comprender y trabajar todas las técnicas y habilidades de análisis de conflictos, de comunicación y de lenguaje no verbal que forman parte de la práctica de la mediación.

Fundamentos teóricos

Entender la mediación es hablar de Paz, de Derechos Humanos y de utilizar nuestras mejores cualidades como personas para ayudar al otro. Valores y principios que rigen nuestras sociedades más avanzadas desde hace no tanto tiempo, ya que la idea de paz ha ido cambiando a lo largo de la historia. Este capítulo nos ayudará a entender su evolución y la concepción que asienta los sistemas de resolución de conflictos como la mediación, cuyos orígenes también se remontan mucho en el tiempo.

La educación para la paz: paz positiva-paz negativa-no violencia

En el siglo pasado y con la influencia del pensamiento oriental, nuestra concepción de la Paz evolucionó de la tradicional Pax Romana, definida por la ausencia de conflicto o de guerra, al concepto oriental que entiende la paz como algo activo y con un carácter más social que político, que denominamos paz positiva o Grasa. Para llegar a la paz colectiva, un país, una región, un grupo de personas, tienen que conseguir en primer lugar una paz individual, estar en paz contigo mismo, a través de un dominio del alma y del cuerpo. Los protagonistas de la paz son las personas que deben trabajar activamente y día a día por esa paz. En este contexto surge entonces un nuevo concepto que es la No-violencia, desde el pensamiento de Gandhi, como un elemento de gran fuerza para el cambio social y cultural.

FASES	PAZ NEGATIVA	PAZ POSITIVA	NO – VIOLENCIA
De la ausencia de guerra al cambio creativo.	Ausencia de guerra.	Armonía social. Justicia. Igualdad.	Cambio social creativo.
De la paz entre Estados al protagonismo de los grupos territoriales.	Paz entre las naciones.	Acciones populares para la paz.	Protagonismo de la comunidad territorial.
De la ausencia de conflictos a la resolución no-violenta de los conflictos.	Ausencia de conflictos.	Aceptación de los conflictos.	Soluciones no destructivas de los conflictos.
De la búsqueda teórica de la paz a la acción directa.	Teorías sobre la paz.	Actividades y acciones de paz.	Cambio de valores y educación.
De la ausencia de acciones violentas al reparto equitativo del bienestar.	Tranquilidad social desde el orden establecido.	Justicia social e igualdad como valores prioritarios.	Sociedad no violenta basada en la solidaridad.
De la ausencia de guerra a la reducción voluntaria de las necesidades.	Desarrollo basado en largos espacios de paz negativa	Reivindicaciones sociales. Mayor nivel de justicia social.	Modelo de desarrollo sostenible basado en reducción voluntaria de necesidades.

La paz negativa es la concepción predominante en Occidente, pone el énfasis en la ausencia de guerra o de violencia directa o agresión física. La paz sería simplemente la "no-guerra", consistiría en evitar los conflictos armados.

La paz positiva supone un nivel reducido de violencia directa y un nivel elevado de justicia. Se persigue la armonía social, la igualdad, la justicia y, por tanto, el cambio radical de la sociedad. La paz no es lo contrario de la guerra sino la ausencia de violencia estructural, la armonía del ser humano consigo mismo, con los demás y con la naturaleza. No supone un rechazo del conflicto, al contrario. Los conflictos hay que aprender a afrontarlos y a resolverlos de forma pacífica y justa.

En la actualidad, el concepto de paz se entiende desde esta perspectiva de *paz positiva* y tiene *algunas características* que nos ayudan a entenderla:

- La paz es un proceso dinámico y permanente; no es una referencia estática e inmóvil.
- La paz hace referencia a una estructura social de amplia justicia y reducida violencia.
- La paz exige, en consecuencia, la igualdad y reciprocidad en las relaciones e interrelaciones.
- La paz afecta, por consiguiente, a todas las dimensiones de la vida.
- La paz implica y hace referencia a dos conceptos íntimamente ligados entre sí: el desarrollo y los derechos humanos.

En el ámbito de las escuelas, el desarrollo de la **Educación para la Paz** *será un proceso educativo, continuo y permanente, fundamentado en el concepto de* paz positiva *y de una* perspectiva creativa del conflicto *y que a través de la aplicación de métodos de resolución pacífica, pretende desarrollar un nuevo tipo de cultura, la cultura de la paz, que ayude a las personas a entender críticamente la realidad, compleja y conflictiva, para poder situarse ante ella y ser capaces de buscar soluciones positivas y no violentas a problemas complejos y a veces violentos.*

Este trabajo de Educación para la Paz en los centros educativos debe partir del conocimiento de *algunos elementos para su correcto desarrollo*:

- El conocimiento y la práctica de los Derechos Humanos.
- La utilización de métodos o técnicas de resolución no violenta de los conflictos.
- La persona como centro del proceso educativo y su formación integral.
- La educación inclusiva para la justicia social.
- El respeto y cuidado del medio ambiente y de todos los seres vivos.

© narcea, s.a. de ediciones

Para finalizar este apartado creo necesario que nos acerquemos al análisis de la estructura de la violencia en los conflictos, ya que es un conocimiento necesario si queremos posteriormente poder analizarlos y resolverlos.

En otro capítulo de esta primera parte, trabajaremos el conflicto y su análisis, pero aquí es necesario que analicemos los tres tipos de violencia que definió Johan Galtung en 1998, y para ello nos fijaremos en su "triángulo de la violencia".

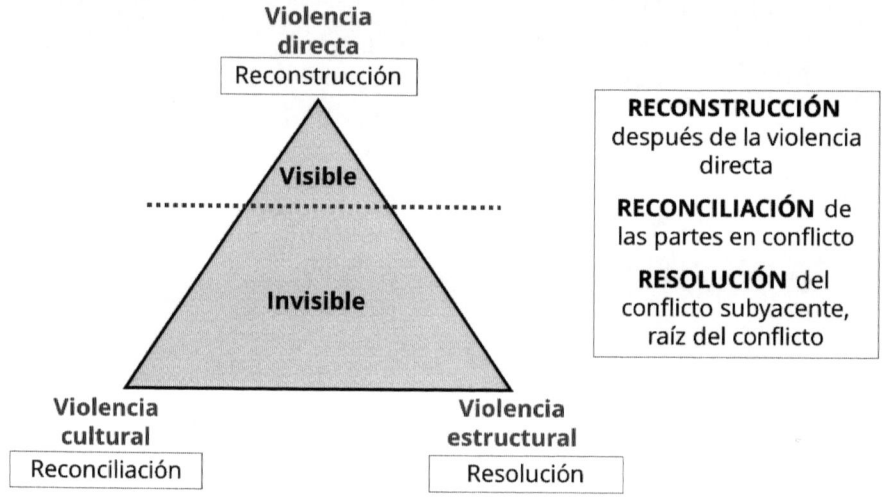

Si partimos de la existencia de personas con intereses o necesidades diferentes, los problemas pueden surgir cuando esos intereses y esas necesidades se convierten en incompatibles, generando en muchos casos actitudes de violencia.

Podemos hablar de tres tipos de violencia:

- ➡ **Violencia directa:** Violencia física, agresiones, guerra…
- ➡ **Violencia cultural:** Actitudes y legitimación
- ➡ **Violencia estructural:** Desigualdad y contradicciones del sistema

Como podemos comprobar en el gráfico solo la parte más pequeña es visible y evidente, mientras que el resto está oculto en elementos que necesitan de un conocimiento más profundo de la situación, de su evolución, de la estructura que la está generando, etc.

Según este triángulo de Galtung para conseguir una verdadera paz debemos resolver los tres tipos de violencia:

➡ **Violencia directa** con la **Reconstrucción.**
➡ **Violencia cultural** con la **Reconciliación** de las partes.
➡ **Violencia estructural** con la **Resolución** del conflicto subyacente.

La educación en Derechos Humanos

Los derechos humanos han existido y existirán siempre. El hombre necesita creer que puede hacer un mundo más solidario, más pacífico, más justo; un mundo en el que todos los hombres dependiendo de sus convicciones, de sus riquezas, de su nivel cultural, etc., luchen por conseguir que todos podamos vivir en paz y con unos mínimos de desarrollo sostenible. Lógicamente, esa idea, que no deja de ser utópica, tiene que materializarse en un trabajo y en unas propuestas.

La O.N.U., constituida después de la II Guerra Mundial, en la que los principios de la moral y el derecho habían sido violados, reafirmó los Derechos Humanos de una forma más completa y concreta que las Declaraciones de los derechos norteamericana (1776) y francesa (1789); precisó además las reglas que presiden las relaciones sociales e internacionales, y reafirmó la igualdad racial, que había sido negada explícitamente.

La Declaración de los Derechos Humanos, que comprende un preámbulo y un texto de 30 artículos, fue adoptada después de largos debates, por la Asamblea de la O.N.U. en París el 10 de diciembre de 1948. Cuarenta y ocho estados votaron a favor y ocho se abstuvieron (U.R.S.S., Polonia, Ucrania, Bielorrusia, Yugoslavia, Checoslovaquia, Unión Sudafricana, Arabia Saudí).

Esta Declaración está profundamente inspirada en la francesa de 1789, cuyo alcance universal subraya. Algunos de sus artículos son muy semejantes pero la mejora y completa en algunos de sus puntos. Como señala Jares (1999):

> "El concepto de Derechos Humanos hace referencia primeramente al sentido de dignidad, de la dignidad humana, que es antes que cualquier formulación jurídica o política, una condición o cualidad moral, inherente a todo ser humano sin ningún tipo de limitaciones, sean ésta económicas, físicas, culturales, raciales, sexuales, etc. Dignidad humana que se sitúa entre dos cualidades esenciales: la libertad y la plena igualdad de todos los seres humanos".

> *Definiremos la **Educación en Derechos Humanos** como un proceso ligado al concepto de paz que se fundamenta en una defensa de la dignidad de la persona.*

Los **principios didácticos** para conseguir una educación en Derechos Humanos (DDHH), siguiendo a Jares (1999), serían:

- Solo se pueden ejercer los DDHH si estos se viven.
- Relación con toda la comunidad educativa, todos participan en su conocimiento y puesta en práctica.
- La democracia debe impregnar toda la vida del centro educativo: centros democráticos y sin violencia.
- La actividad docente debe caracterizarse por el compromiso en el desarrollo de los DDHH.
- La realidad se puede cambiar y nosotros debemos ayudar a cambiarla para mejorarla.
- Educación de las actitudes de toda la comunidad educativa hacia el respeto y el valor de los DDHH.

La **enseñanza** de los Derechos Humanos tiene que sustentarse en la realización de una educación para la vida. Esta enseñanza tiene que estar contextualizada en el entorno que rodea a la escuela. Partiendo de esto, los contenidos básicos serán los que tienen relación con la experiencia de nuestros estudiantes, las dificultades que haya en nuestro entorno geográfico y cultural, las inquietudes que tenga el profesorado, etc., pero todo ello acompañado de una visión más global de los problemas que hay a nivel mundial y que pueden interaccionar con los que nosotros encontramos en nuestro entorno cotidiano.

Los **contenidos** que deberemos trabajar para una educación en DDHH serían los siguientes:

- Educación para la paz.
- Educación para el desarrollo sostenible.
- Educación para la justicia social.
- Educación para luchar contra cualquier tipo de discriminación o maltrato.
- Educación para la solidaridad.
- Educación para favorecer la ecología y el respeto al medio ambiente.
- Educación para la democracia.

Los procesos mediadores en la historia

Podemos afirmar que la mediación o los procedimientos de mediación no tiene edad. En todas las tribus, poblados, existía una persona más "sabia" a la que se recurría en caso de conflicto para que mediase en él. Esta figura se asocia a una persona razonable, amante de la paz y la justicia, dialogante y empática, capaz de involucrarse en el conflicto de otras personas para reconducirlo hacia soluciones acordadas.

En países como **China** hace más de dos mil años ya se sabe del uso de sistemas de mediación. Otras tradiciones culturales y espirituales del mundo la han utilizado y la utilizan hasta nuestros días. Hasta el Renacimiento, la Iglesia Católica fue probablemente la organización mediadora por excelencia en Europa. El clero mediaba en las disputas entre los miembros de la nobleza. También los tribunales rabínicos judíos y los rabinos europeos resolvían las disputas entre los miembros de su fe siendo, en algunos casos, el único modo de resolución ya que los judíos se veían impedidos de acceder a otros tribunales. Más tarde con la creación de los estados y las naciones los mediadores asumen nuevos roles como diplomáticos y embajadores formales.

En **América Latina** y otras culturas hispánicas, también existe una tradición de arreglo de las disputas a través de la mediación. En España existía también un modelo de mediación propio denominado el Tribunal de las Aguas de Valencia, cuyo origen parece remontarse a la época romana.

Estas formas de resolución consensuada de los conflictos se fueron abandonado a medida que las sociedades se fueron haciendo más complejas, con nuevos modelos de relaciones comerciales y de comunicación, que obligaron a generar un complejo sistema de leyes por el que regirse.

Es en **Estados Unidos** donde se generan, a finales de siglo XIX y principios del siglo XX, los primeros movimientos organizados que vuelven a utilizar la mediación para la resolución de conflictos entre partes, en este caso entre los obreros y la patronal. Basado en la larga historia de la mediación en este país que, desde sus orígenes como colonias norteamericanas, ya tenían mecanismos de resolución de conflictos que utilizaban los puritanos, los cuáqueros y otras confesiones religiosas, aparece el movimiento "Alternative Dispute Resolution" (ADR). Es en 1913 cuando el Departamento de Trabajo crea "los comisionados de conciliación" que posteriormente se convertiría en el "Servicio de Conciliación de los Estados Unidos", y en 1947 pasaría a llamarse "Servicio Federal de Mediación y Conciliación" (Federal Mediation and Conciliation Service, FMCS), todo ello con el objetivo de conseguir una paz industrial sólida y estable en todo el país. Posteriormente en 1978 es cuando este servicio amplía su jurisdicción a conflictos no laborales.

La extensión de la mediación tiene un punto álgido en las décadas de los sesenta y setenta del siglo XX. Las corrientes pacifistas, el creciente interés por el estudio del conflicto ante la carrera armamentística, la propia evolución del concepto de violencia y de paz, hacen que prolifere la mediación como medio para la resolución de disputas en diferentes ámbitos de la sociedad: comunitario, laboral, familiar, escolar, penal e internacional. Desde Estados Unidos se extiende hacia Canadá y Latinoamérica y luego se exporta a Europa, donde a diferencia de Estados Unidos, donde la mediación surge desde movimientos ciudadanos o religiosos, en Europa se desarrolla desde el ámbito académico-profesional y desde aquí gracias al apoyo de las instituciones llega a la sociedad.

Tenemos ejemplos concretos en **Latinoamérica** sobre la implantación de fórmulas mediadoras de resolución de conflictos desde la década de 1970, combinada con otras estrategias como la conciliación y el arbitraje.

Así en **Perú,** se crearon las "rondas campesinas" como forma de autoorganización. En Colombia existen órganos de mediación comunitaria llamados "los mayoritarios" que otorgan a ciertas autoridades familiares la función de resolver las disputas. También se contempla en su Constitución la existencia de los Jueces de Paz elegidos por iniciativa popular. En **Chile** se forman grupos de trabajadores que practican la denominada "justicia participativa". **Argentina** es sin duda uno de los países donde más se ha desarrollado la mediación. En 1992 se estableció por ley la mediación como de interés nacional y se crea un cuerpo de mediadores para que se realicen las mediaciones con todas las garantías. A nivel escolar está incorporada por ley en toda la educación.

Por otro lado, el origen de la mediación a nivel escolar se suele situar en la década de los 60 en los barrios conflictivos de ciudades como Nueva York, donde los problemas entre bandas de jóvenes rivales hacían que los centros escolares fueran lugares complejos y a veces peligrosos. La existencia de personas mediadoras, que habían estado en dichos grupos, facilitaba posibles acuerdos y reducía la violencia. Hoy en día son las propias Fiscalías o Juzgados de Menores las que, en algunos casos, financian programas de mediación escolar con el fin de conseguir gestiones más positivas, menos violentas y también menos costosas para el sistema judicial en los conflictos entre menores.

En **España** la mediación comienza a desarrollarse en los años 90 pero no es hasta 2012 cuando se promulga la primera legislación estatal, en forma de

Decreto Ley, sobre mediación, cuyo origen estaba en la directiva de la Unión Europea de 2008 que instaba a todos los estados miembros a proporcionar servicios de mediación a la ciudadanía. Es en esa década cuando aparecen los primeros programas de mediación en España, a través del Centro de Investigación para la Paz Gernica Gogoratuz que sigue el modelo planteado por John Paul Lederach (1998). Posteriormente Juan Carlos Torrego (2017) llevaría este modelo, modificándolo en parte, al ámbito escolar en la Comunidad de Madrid.

Finalizo resumiendo algunos elementos de especial importancia que debemos conocer respecto a los orígenes y evolución de los sistemas de mediación en conflictos:

- ◆ No es posible datar de forma precisa y generalizada el origen de la mediación como forma de resolución pacífica de conflictos.
- ◆ La mediación como forma estructurada y profesional de resolución aparece en Estados Unidos en la segunda mitad del siglo XX.
- ◆ Es en 1947 cuando aparece el primer servicio oficial de mediación en conflictos laborales, el FMCS.
- ◆ La mediación ha adquirido entidad propia y características especiales y diferenciadoras respecto a otros sistemas de resolución pacífica como la conciliación o el arbitraje.
- ◆ Actualmente el uso de la mediación se ha generalizado a campos muy diversos, desde sus orígenes laborales, se ha extendido al ámbito familiar, comunitario, judicial, escolar, patrimonial, etc.

Modelos
y características
de la Mediación

Continuamos en este capítulo ahondando en los fundamentos y las bases teóricas viendo los modelos más habituales de mediación, de los que tomaremos alguna parte de cada uno para completar nuestro propio modelo adaptado al mundo educativo y al trabajo de resolución de conflictos en las escuelas.

También quiero ir desgranando una serie de datos, basándome en varios autores, sobre cuáles son las características, los objetivos y los beneficios de establecer el sistema de mediación en los centros educativos.

Modelos teóricos generales de mediación

A pesar de que no existe una definición exacta o única del concepto mediación, las diferentes escuelas, metodologías o modelos de mediación se diferencian en dos elementos principalmente: *el objetivo* y *el enfoque*. A continuación, haré un resumen de cada uno de ellos y un cuadro final de todos.

Modelo tradicional-lineal de Harvard

Si tomamos en consideración el modelo tradicional de Harvard, la mediación es un proceso cuyo objetivo es la negociación colaborativa para lograr un acuerdo. Este modelo entiende que el conflicto es un obstáculo que impide satisfacer las necesidades e intereses y, por lo tanto, es necesario tomar una decisión consensuada. La finalidad es el acuerdo, la solución del problema. No entra en evaluar las causas que han provocado la disputa ni quienes lo han iniciado. Por esta razón, el modelo Harvard niega la existencia de la culpabilidad. No hay vencedores ni vencidos.

© narcea, s.a. de ediciones

El inconveniente de este modelo está en centrar toda la atención en el problema y su solución. No tiene en cuenta la raíz del conflicto, las causas que lo han provocado. Prescinde del valor humano, de los sentimientos y circunstancias que rodean a las partes en conflicto.

Este modelo, nacido en la Facultad de Derecho de la Universidad de Harvard, es utilizado frecuentemente en Derecho, Economía y la política.

En resumen, sus bases son el derecho y la economía, teniendo como gran objetivo conseguir acuerdos donde ambas partes ganen. Se trata de un proceso muy sistematizado y cercano al mundo empresarial.

Modelo circular-narrativo de Sara Cobb

Sara Cobb nos muestra el modelo circular-narrativo. Considera que los conflictos se originan dentro de unos acontecimientos, unas historias, que varían según la óptica de cada persona. Las partes deben ser conscientes de que su postura radical e inflexible no beneficia a nadie. Solamente replanteando el punto de vista de cada uno puede llegarse a un acuerdo. En esencia, el mediador debe permitir a las partes argumentar su postura, su narrativa, hasta el extremo. Solo así comprenderán la necesidad de buscar una historia alternativa que sirva de referente para llegar a una solución.

La interacción y la comunicación, tanto la verbal (digital: las palabras y los emblemas) como la no verbal (corporal o analógica: elementos paralingüísticos y no lingüísticos) y la contextual entre las partes, es esencial ya que permite analizar la situación y buscar una alternativa. Sin estos dos elementos cada uno se mantendrá siempre en una actitud inamovible que le llevará a un círculo cerrado. Este modelo se preocupa más de la narrativa, de replantear la historia, que del acuerdo en sí. Al igual que ocurre con el modelo transformativo, no es prioritario. La solución llegará cuando las partes cambien la perspectiva y vean la historia de otra manera más favorable.

En resumen, es un método que proviene de la psicología y trata de mejorar la información y comunicación entre las partes para producir procesos de reflexión que modifiquen la percepción de la realidad y del propio conflicto, reparando las relaciones.

Modelo Transformativo de Bush y Folger

Dando un paso adelante, encontramos el modelo transformativo de Bush y Folger, que consideran más importante desarrollar el potencial de las personas con el fin de tener más fuerza y capacidad para afrontar los problemas (*empowerment*) y fomentar las habilidades sociales que permitan comprender a los demás, interactuar positivamente y mejorar las relaciones sociales (*recognition*). Este modelo presta atención al bien común y, por tanto, la solución debe basarse en el interés general. Con la mediación, pretende fomentar la cooperación, el diálogo, la idea de que solo las partes tienen el poder de llegar a un acuerdo. El fin último no es el acuerdo, por la sencilla razón de que si se produce una transformación en las personas la solución llegará finalmente.

El inconveniente de este modelo es que no tiene en cuenta el interés particular, el derecho de cada persona. No obstante, este modelo podría encuadrarse en la mediación intercultural o laboral donde prima el bien común (ya sea entre grupos interétnicos o grupos de trabajadores, respectivamente) frente al individual.

En resumen, es un modelo que proviene de la sociología y tiene por objetivo transformar el conflicto, las relaciones y a las personas, en base a la cooperación y la reconciliación. Busca el cambio social.

Para facilitar la comprensión y afianzamiento de las principales características de estas tres metodologías de mediación, veamos a continuación un cuadro resumen con todo los necesario para afianzar sus conocimientos.

	Lineal (Harvard)	Circular-Narrativa (Sara Cobb)	Transformativa (Léderach, Folger, Busch)
Fundamentos y Objetivos	– Inspirada en la negociación bilateral. – La causa del conflicto es lineal, es el desacuerdo. Disminuir las diferencias – Llegar a un acuerdo: ganar-ganar – El contexto no determina el conflicto. – Conviene eliminar la noción del "culpa" para encarar soluciones de futuro.	– Basada en la comunicación. – Las causas se retroalimentan creando un efecto circular de causa y efecto continuo. – Trabajar la comunicación y la información para cambiar los puntos de vista. Modificar las narraciones para modificar la percepción de la realidad – Promover la reflexión de las partes con la finalidad de modificar un proceso negativo en positivo.	– El centro de interés son los aspectos relacionales del conflicto. – Transformar el conflicto y las relaciones. – Trabajar las diferencias – Cambiar las situaciones y a las personas – Se trata de que las partes encuentren formas de cooperación, de reconciliación, al margen de pretender solucionar el conflicto.

Método	– Ordenamiento del proceso del conflicto. – Proceder a esclarecer las causas a partir de 7 fases sistematizadas.	– Pasar de la comunicación controversial o conflictiva a la comunicación cooperativa – Deconstruir los procesos mentales que llevan al conflicto para volver a construir otros que cambien la visión del conflicto y aporten soluciones.	– Procurar que las partes adquieran conciencia de sus propias capacidades de cambio y de transformación de sus conflictos. – Protagonismo de las partes y reconocimiento de la cuota de responsabilidad en el conflicto.
Características	– *El conflicto:* visión negativa. Es algo a evitar y debe desaparecer. – El acuerdo es esencial.	– *El conflicto:* Visión positiva. Sirve para cambiar procesos mentales. – Los acuerdos son tácticos. – Lo importante es la mejora de las relaciones, los acuerdos son únicamente circunstanciales.	– *El conflicto* visión positiva. Es una oportunidad de crecimiento. Inherente a la sociedad, no desaparece, se trasforma. – Los acuerdos carecen de importancia; la adquisición de capacidades de gestión y la transformación de los conflictos es lo que importa desarrollar.
Ámbitos de actuación	– Empresarial – Internacional	– Familiar – Escolar – Judicial	– Escolar – Comunitaria – Internacional

Por último y para finalizar este apartado, citaré textualmente una reflexión del experto conflictólogo, Profesor de la Universidad Oberta de Catalunya, Eduart Vinyamata, que nos dice algo muy importante a tener en cuenta respecto a estas tres metodologías a la hora de realizar procesos de mediación:

"Los diversos métodos no pueden considerarse incompatibles, sino que más bien acaban resultando complementarios. El interés del mediador por prestar una ayuda eficaz, le conducirá a conciliar métodos, flexibilizando el proceso mediador y alejándolo de posturas que intenten demostrar la superioridad de una metodología u otra. Cada caso, cada situación, nos llevará a la utilización de un método u otro, con el fin último de ayudar a quien lo ha solicitado" (Vinyamata, 2003).

Características, objetivos y beneficios de la mediación

Hasta ahora hemos hablado de la educación para la paz y los derechos humanos como las bases teóricas fundamentales de los sistemas restaurativos como es la mediación para la solución dialogada, pacífica y positiva de los conflictos. Ahora nos acercaremos a referencias conceptuales clave que constituyen las características más definitorias de los procesos de mediación en general y por supuesto de la mediación educativa y escolar. Para poder llegar a convertirnos, tanto en mediadores, como en futuros formadores o capacitadores de otras personas en mediación, es necesario tener clarificados algunos conceptos y elementos teóricos sobre los que se asienta la mediación, como técnica de resolución de conflictos entre personas.

El primero de estos conceptos lo definió muy bien Moore (1986) al entender la mediación como una extensión de la negociación que implica la intervención de un tercero, aceptado por las partes, imparcial y neutral, que carece de poder de decisión y está capacitado para que las partes alcancen un acuerdo voluntariamente sobre los objetivos del proceso. Este mismo autor opina que puede utilizarse la presencia de un mediador en aquellos conflictos en los que:

- Los sentimientos de las partes son intensos e impiden un arreglo.
- La comunicación entre las partes es mediocre tanto por la cantidad como por la calidad, y las partes no pueden modificar por sí mismas esta situación.
- Las percepciones erróneas o los estereotipos están estorbando la realización de intercambios productivos.
- Las formas repetitivas de comportamientos están elevando obstáculos.
- Hay desacuerdos graves acerca de los datos: qué información es importante, cómo se obtiene y cómo se evaluará.
- Hay muchas cuestiones en disputa y las partes discrepan acerca del orden y la combinación en que se las evaluará.
- Hay intereses aparentes o reales que son incompatibles, y que las partes reconcilian con dificultad.

- Las diferencias de valor aparentes o no significativas dividen a las partes.

- Las partes o no tiene un procedimiento de negociación, o están usando el procedimiento equivocado, o no utilizan el procedimiento más ventajoso posible.

- Las partes están teniendo dificultades para iniciar la negociación o han llegado a un callejón sin salida en su regateo.

La mediación se inicia cuando las partes ya no creen poder resolver el conflicto por sí mismas y es la intervención de un tercero una de las pocas vías de solución. Por tanto, la intervención mediadora supone "la incorporación de un profesional específico a un sistema dinámico de relaciones conflictivas, para manifestarse entre dos o más personas, grupos u objeto, con el propósito de ayudarlos" (Argyris, 1970). También autores como Rubin y Brown (1975) añaden que la mera presencia de una parte que es independiente de las que se encuentran en conflicto, puede ser un factor muy significativo en la resolución de la disputa. Incluso podríamos añadir que el simple hecho de que las partes acepten acudir a la mediación es el inicio de la posible solución.

Sin duda como afirman Kressel y Pruitt (1985) es de especial relevancia para la mediación "la habilidad del mediador o mediadora para proponer o sugerir, pero nunca para tomar decisiones o imponer soluciones". En la misma línea, Fernández-Ríos y Carrasco (1996) en su definición, clarifican la neutralidad del mediador "que, no teniendo autoridad para tomar decisiones sobre el resultado final, colabora con las partes oponentes en la consecución voluntaria de un acuerdo aceptable en relación con los temas objeto de disputa".

Me parece muy clarificadora también la aportación de Guillén (2004) en relación con la tarea y el **comportamiento del mediador** o mediadora durante el proceso mediador:

- El mediador no tiene poder para tomar decisiones.

- El mediador apoya, asesora y facilita la búsqueda voluntaria de una solución conveniente para las partes.

- El mediador tiene una actitud imparcial.

- El mediador interviene por la petición de las partes.

- El mediador finaliza la intervención al conseguir el objetivo o cuando no resulta conveniente para las partes.

También y en relación con la función mediadora, me gustaría definir lo que se consideran los **objetivos principales** a los que debe enfocar su acción el mediador en todos los casos:

- Mejorar la comunicación entre las partes o restablecerla.
- Mejorar la relación entre las partes.
- Encontrar soluciones pactadas y adecuadas a cada caso concreto.
- Tener en cuenta las necesidades de cada parte.
- Evitar la escalada del conflicto y su enquistamiento.
- Desarrollar un proyecto de acuerdo.

En el caso de la mediación en el entorno escolar podríamos incluir entre los objetivos el de hacer un seguimiento del acuerdo y verificar su cumplimiento en un plazo concreto, para eliminar posibles sanciones cuya aplicación se habría paralizado al aceptar, las partes, el proceso mediador.

En cuanto al proceso mediador también es importante clarificar algunas características que lo diferencian de otros sistemas o fórmulas alternativas de resolución de conflictos con las que tiene puntos en común, pero también **diferencias clave**. Aquí quiero citar a Folberrg y Taylor (1984) que nos aclaran muy bien estos elementos:

- La mediación no es un proceso terapéutico, sino que está dirigida a la tarea y a la consecución de una solución de un conflicto sin indagar en las causas internas de este.
- La mediación no es un arbitraje ya que, si en el arbitraje es precisamente el árbitro el encargado de tomar las decisiones, en la mediación han de ser las partes interesadas las que lo hagan.
- La mediación no es negociación, en la que solo interviene las partes interesadas sin que intervenga una tercera persona.

Podemos concluir entonces que la mediación tiene unas características que la dotan de especificidad dentro de las estrategias de resolución pacífica de conflictos y que es importante conocer y tener clarificadas, con el fin de no cometer algunos errores importantes que se producen, en muchos casos, por confundir la mediación con otros sistemas o por desconocimiento de sus características.

Por ejemplo, es bastante frecuente que, ante un proceso mediador estancado, que no avanza hacia soluciones acordadas, tengamos la necesidad de tomar la iniciativa y proponer soluciones que las partes no han expresado, convirtiéndonos –en ese caso más en negociadores o árbitros que en mediadores.

Como último apunte sobre las especificidades de la mediación, y a modo de resumen del capítulo, podríamos afirmar que existen cinco **características** que es imprescindible conocer y aplicar siempre en cualquier proceso de mediación, a saber:

→ **Confidencialidad**: la información que se obtiene durante un proceso de mediación, ya sea con las partes por separado o juntas, no puede ser utilizada en otros ámbitos de resolución, como el judicial. Es más, si alguna de las partes nos cuenta, en un caucus individual, detalles que luego no expresa en la reunión con la otra parte, nosotros como mediadores no podemos utilizar dicha información.

→ **Neutralidad**: el mediador o mediadora debe ser neutral e imparcial tanto respecto a las partes como al resultado del proceso. En el ámbito escolar es necesario hacer un esfuerzo inicial considerable para deshacerse de prejuicios respecto a las personas que están implicadas en el conflicto, ya que, en comunidades pequeñas, como suele ser un centro escolar, todas las personas se conocen de una u otra forma.

→ **Colaboración**: las partes deben tener la disposición hacia la búsqueda de un acuerdo satisfactorio. El simple hecho de haber aceptado la mediación ya nos sitúa en una posición de colaboración inicial que el mediador debe aprovechar siempre desde el respeto y la confianza hacia las partes, desplegando toda su capacidad y competencia para obtener y llegar a los acuerdos y los compromisos.

→ **Voluntariedad**: los participantes en la mediación deben hacerlo voluntariamente y ellos son los protagonistas del proceso. Las personas que acuden a la mediación bajo amenazas o presiones de terceros lo harán sin la necesaria disposición para la colaboración y la búsqueda de solución

→ **Visión de futuro**: la resolución del conflicto traerá un beneficio inmediato y también a largo plazo para las partes y su entorno. En el ámbito educativo los conflictos resueltos a partir de la mediación no es probable que vuelvan a producirse según he podido comprobar durante estos años. Pueden generarse otros de diferentes características, pero aquellos solucionados en un proceso de mediación no reaparecen.

Para finalizar este apartado, y el capítulo, quiero incluir aquí una serie de **beneficios**, comprobados en diversas investigaciones y publicados por

© narcea, s.a. de ediciones

diversos autores, que tiene la utilización de la mediación en los centros educativos.

En el Proyecto Armonía (2007) y siguiendo a Uranga (1998) en los materiales del Centro de Educación para la Paz Guernika Gogoratuz, los define de la siguiente manera:

- ◆ Facilita un ambiente más distendido en el centro educativo. Mejora el clima escolar.
- ◆ Favorece la preocupación por los demás, desarrollando actitudes de interés y respeto por los otros.
- ◆ Busca estrategias para solucionar los problemas de forma no violenta.
- ◆ Mejora de las habilidades sociales y de comunicación.
- ◆ Favorece la comunicación entre los miembros de la comunidad educativa.
- ◆ Los conflictos tienden a disminuir.
- ◆ Se buscan otras alternativas a las sanciones reglamentarias.
- ◆ Ayuda a que haya una mayor implicación de la comunidad educativa en el centro escolar.
- ◆ Favorece que haya una mayor responsabilidad en el alumnado (se implica en el funcionamiento del centro).
- ◆ Disminuye el número de expedientes disciplinarios y de expulsiones.

El conflicto

Iniciamos este tercer capítulo que, junto con el cuarto, representan la parte más técnica de este libro, para ir explicando pormenorizadamente todo lo que se debe aprender y practicar para poder convertirse en mediador o mediadora de conflictos entre personas. Comenzaremos con el conflicto y cómo nos enfrentamos a él las personas. Intentaré explicar los modelos generales de resolución no violenta partiendo del conocimiento que aporta la realización de un buen análisis, anterior al proceso mediador. Trabajaremos con un instrumento de práctica real de análisis de conflictos, daremos las claves para analizar los conflictos de cara a la mediación y finalizaremos reflexionando sobre las causas más comunes de los conflictos en las escuelas en la actualidad.

Definiciones de conflicto

Si realizamos una simple actividad con varias personas pidiéndoles que nos digan palabras que para ellas ayuden a definir el conflicto, nos encontraremos con una gran mayoría de términos de tipo negativo. Sin duda el conflicto produce en las personas que lo sufren diferentes emociones, cogniciones y motivaciones que hacen que se vea afectado el comportamiento y la manera de afrontar estas situaciones.

En todas las relaciones, del tipo que sean, se producen tensiones que pueden ser gestionadas y canalizadas de manera conveniente o bien pueden producir grandes desequilibrios de intereses y sobre todo de posiciones difíciles de reconducir, que pueden desembocar en la violencia en sus diferentes manifestaciones, de las que hablamos al citar a Galtung y su triángulo de la violencia. Estos elementos de los que hablamos son la base de los conflictos relacionales entre las personas tanto en la vida diaria, como en la convivencia en los centros escolares.

Como señala Ovejero (2004), el término conflicto designa una situación compleja que se define primero como una determinada estructura de las relaciones sociales, que puede enfrentar a individuos, conflicto interpersonal, a grupos, conflicto intergrupal, a organizaciones, conflicto social o a naciones, conflicto internacional. La naturaleza del conflicto, no obstante, puede ser muy variada y las partes enfrentadas pueden perseguir fines antagónicos, pueden defender valores contradictorios o incluso perseguir el mismo fin, pero desde actitudes competitivas, entre otras variables.

Para resumir y siguiendo a de Diego y Guillén (2006) veamos los **elementos clave que nos ayudarán a definir el conflicto**:

➡ Los conflictos son situaciones.

➡ En las que dos o más personas entran en oposición o desacuerdo.

➡ Porque sus posiciones, intereses, necesidades, deseos o valores son incompatibles o son percibidos como incompatibles.

➡ Donde juegan un papel muy importante las emociones y los sentimientos.

➡ Y donde la relación entre las partes en conflicto puede salir fortalecida o deteriorada en función de cómo sea el proceso de resolución del conflicto.

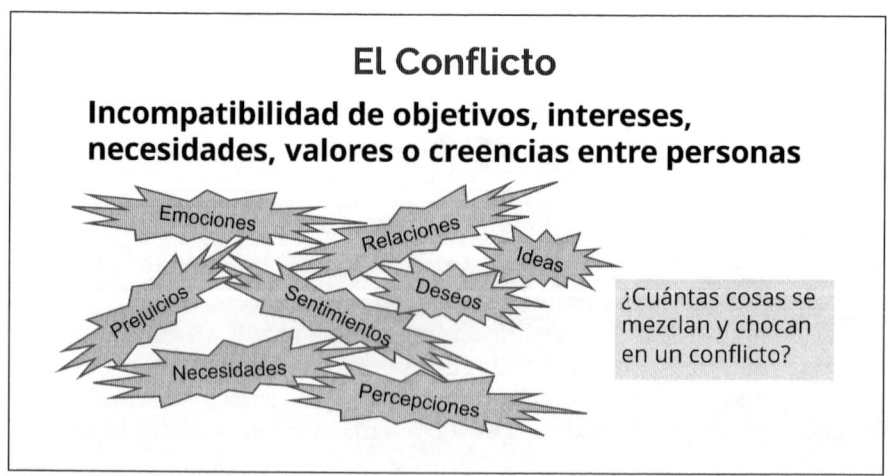

El Conflicto

Incompatibilidad de objetivos, intereses, necesidades, valores o creencias entre personas

Emociones · Relaciones · Ideas · Prejuicios · Sentimientos · Deseos · Necesidades · Percepciones

¿Cuántas cosas se mezclan y chocan en un conflicto?

El conflicto es inherente a las relaciones humanas, a la convivencia entre las personas. Es imposible no tener conflictos viviendo en sociedad y relacionándose con otras personas. Los centros educativos son micro sociedades donde las relaciones personales alcanzan valores por encima de lo normal. La formación de los profesionales que trabajan en estos centros es fundamental para poder realizar gestiones positivas de los conflictos, previniendo su escalada y buscando vías de solución pacíficas y positivas. La formación en mediación mejora en gran medida estas competencias profesionales de gestión de la convivencia escolar.

A continuación, propongo una sencilla **actividad práctica** para que intentemos realizarla y reflexionar sobre ella.

Señale cuáles de las siguientes situaciones, relacionadas con el ámbito escolar, le parecen un conflicto, razonando el por qué y poniéndolas por orden de importancia siendo la primera el conflicto más importante o de mayor nivel.

Situación	¿Esto es un conflicto?		¿Por qué?	Orden de importancia
	SÍ	NO		
Un estudiante llama a otro "hijo de puta" delante del profesor.				
Cuando se encuentran dos estudiantes en el pasillo uno empuja al otro contra una puerta riéndose.				
Una estudiante hace comentarios insultantes en una foto de otra compañera de clase, en redes sociales.				
Un padre prohíbe ver un partido de la selección de fútbol a su hija porque ha suspendido varias asignaturas este trimestre.				
Un estudiante hace una foto al profesor en clase con el teléfono y la sube a RRSS.				
Una profesora expulsa a un estudiante de clase por decirle a ella: "pero que buena estás tía, como me pones".				

Visión tradicional del conflicto-visión moderna: el conflicto en negativo-el conflicto en positivo

La convivencia en las escuelas no debe describirse como la ausencia de conflictos ya que estos son inevitables e incluso, algunos, necesarios para el proceso educativo. Se produce conflicto, como hemos visto, cuando hay un enfrentamiento de los intereses o las necesidades de una persona o grupo con los de otra persona o grupo. Nos estamos refiriendo no solo a las conductas disruptivas y/o antisociales, sino también a todos los enfrentamientos respecto a actuaciones, ideas, valores, hechos culturales, etc.

No solo las respuestas que demos a los conflictos, o cómo actuemos ante ellos, será lo que incidirá de una manera determinante en su resolución, sino que la posición de partida respecto a nuestra forma de ver, sentir y abordar los conflictos determinará casi siempre las posibles soluciones.

Será, pues, en esta respuesta al conflicto, donde deberemos volcar nuestros esfuerzos educativos para conseguir de cualquier componente de la comunidad educativa, especialmente de los estudiantes, una respuesta asertiva, ni agresiva ni inhibida; una repuesta positiva que nos ayude a crecer y a formarnos para ser capaces de mejorar nuestras respuestas en otras situaciones.

Aunque sería injusto culpar al adolescente, al joven, de todos los conflictos, no es menos cierto que están en el centro de los mismos. Unas veces como característica propia de su edad, otras por escasa capacidad para resolver los problemas tanto por parte de los padres, profesores, adultos en general, otras veces por falta de formación o quizás por falta de interés o paciencia.

Los mediadores educativos y escolares deberán poseer una formación amplia que les permita no verse desbordados por los conflictos a mediar, teniendo como base de su formación una visión del conflicto como oportunidad de aprendizaje y mejora.

En las dos Tablas que siguen podemos ver un resumen de estas diferentes visiones que se pueden tener del conflicto y de sus consecuencias:

I. Visiones *generales* ante el conflicto

II. Visiones *personales* ante el conflicto

La Tabla I, visiones generales ante el conflicto, establece de forma general estas dos maneras de entender cualquier situación de conflicto, y la Tabla II, visiones personales ante el conflicto, se centra más en las visiones de una persona ante un conflicto.

© narcea, s.a. de ediciones

I. VISIONES *GENERALES* DEL CONFLICTO	
Visión Tradicional	**Visión Moderna**
El conflicto se puede evitar y se intenta evitar	El conflicto es inevitable
El conflicto se debe a errores en la administración, en el diseño y manejo de una acción, o a individuos emocionalmente inestables	El conflicto proviene de diversas causas, incluyendo la manera en que se ha desarrollado su proceso, las diferencias de percepción y de valores entre las partes, etc.
El conflicto perturba las acciones para su resolución e impide su desempeño óptimo	El conflicto puede favorecer o perjudicar las acciones de resolución en diversos grados, pero no las impide
El objetivo del promotor de una acción de gestión y/o resolución consiste en eliminar el conflicto	El objetivo del promotor de una acción de resolución es gestionar el nivel de conflicto para lograr un óptimo desarrollo de este para las partes
El éxito de la acción del exige la eliminación del conflicto	El éxito de la acción exige un nivel moderado de conflicto que permita su resolución

II. VISIONES *PERSONALES* ANTE EL CONFLICTO	
El conflicto en negativo	**El conflicto en positivo**
No queremos tener conflictos. Los vemos como algo destructivo	Es una oportunidad para cambiar la situación cuando algo no funciona
Se confunden persona y problema. Empeora la relación	Se separan persona y problema. La relación se mantiene
No se habla directamente de los problemas.	Se habla directamente de los problemas
Se eluden los problemas	Se resuelven los problemas
Las opiniones propias son las únicas válidas	Se cuestionan las propias opiniones

Actitudes o estilos personales de enfrentamiento ante el conflicto

Siguiendo con los elementos que nos ayudarán en el análisis del conflicto y en la búsqueda de una gestión óptima en nuestra labor mediadora, es importante seguir ahondando en las cuestiones que tienen que ver con la personalidad de las partes ante el conflicto y en cómo las personas nos enfrentamos a él. Hemos visto esas visiones antagónicas que están en la base de esas actitudes, pero también serán las habilidades personales, la formación, los valores, las creencias, las experiencias previas, etc. –la situación en sí misma–, las que determinen nuestro comportamiento y hacia donde dirigimos nuestros objetivos en esa situación de conflicto.

La resolución de conflictos puede enfocarse de maneras muy diferentes y se han identificado los siguientes enfoques:

GANAR-GANAR	Se tienen en cuenta los objetivos a conseguir y las relaciones de amistad entre los implicados
GANAR-PERDER	El objetivo prevalece sobre las relaciones
PERDER-GANAR	El objetivo prevalece sobre las relaciones
PERDER-PERDER	Las relaciones predominan sobre los objetivos que se desean conseguir

Por otro lado, en función de lo que consigue cada una de las partes tendremos diferentes posibilidades de resolución:

	B consigue lo que quiere	**B** no consigue lo que quiere
A consigue lo que quiere	GANAR – GANAR	GANAR – PERDER
A no consigue lo que quiere	PERDER – GANAR	PERDER – PERDER

Parece claro por tanto que los enfoques previos que tengamos ante el conflicto van a determinar de manera importante nuestras actitudes ante él, las estrategias de resolución que intentemos utilizar, y también los resultados finales.

En el siguiente cuadro tenemos resumidas todas las variables que nos ayudarán a realizar un análisis inicial del conflicto, en función de la actitud o la forma de enfrentarlo que ha tenido cada una de las personas.

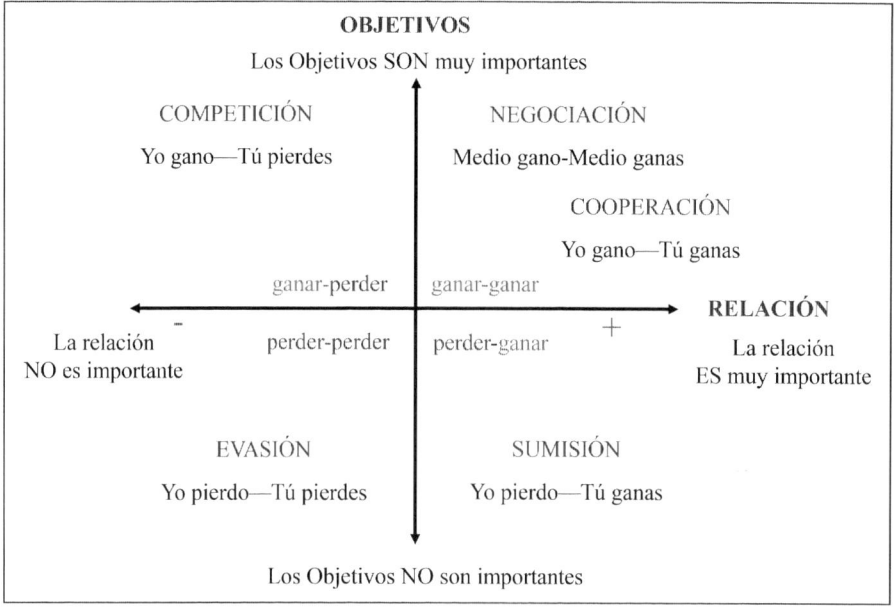

Como mediadores es muy importante determinar si una persona ha sido competitiva, sumisa, cooperadora o ha evadido el conflicto. Esto nos ayudará a conocer mejor la personalidad de cada parte, y a saber si lo que valora más es conseguir sus objetivos, es decir, tener razón a toda costa, o valora más la relación con la otra parte y es capaz dar una menor importancia a obtener lo que quiere. Sin duda esta es una de las primeras claves que nos abrirán esa senda del proceso de mediación para que pueda tener éxito.

Las características de cada una de estas **actitudes o estilos personales de enfrentamiento ante los conflictos** serían las siguientes:

- **Competición** (*Yo gano/ Tú pierdes*): Lo más importante es conseguir mis objetivos, aun pasando por encima de quien sea. La relación no importa. En última instancia para conseguir mis objetivos puedo llegar a eliminar a la otra persona, excluirla, marginarla, etc.

- **Sumisión o acomodación** (*Yo pierdo/ Tú ganas*): No planteo mis objetivos, ni hago valer mis derechos para no estropear la relación, para no provocar malestar ni tensión. Cedemos porque nos importa más la relación que nuestros derechos o nuestros objetivos.

- **Evasión** (*Yo pierdo/ Tú pierdes*): Ni los objetivos ni la relación salen bien parados. No enfrentamos los conflictos. Postura del avestruz.

Pensamos que se resolverán por sí mismos o simplemente negamos el conflicto.

■ **Cooperación** (*Yo gano/ Tú ganas*): Conseguir los propios objetivos es importante, pero también lo es mantener la relación. Se relaciona con una forma no violenta de relacionarse, para que todos consigamos satisfacer nuestras necesidades. No ceder en lo fundamental, ceder en lo menos importante.

■ **Negociación** (*Medio gano/Medio pierdo*): Conseguir la cooperación es muy difícil, por ello se plantea la negociación, en la que las dos partes consiguen satisfacer algunas de sus necesidades.

La diferencia entre la *cooperación* y la *negociación* sería que la primera valora más terminar con unas buenas relaciones entre las partes, mientras que la segunda valora un poco más que las partes consigan algo de lo que necesitan. La Mediación estaría entre estas dos técnicas y podríamos decir que en ella se negocia y se coopera para llegar a una solución positiva para ambas partes, donde las dos ganen algo y también donde la relación no sufra e incluso mejore.

Por último, a continuación, veamos un cuadro resumen mucho más extenso, con el que ampliar los conocimientos sobre las **actitudes ante el conflicto** que hemos visto en este apartado.

ESTILO	CARACTERÍSTICAS	ACTITUDES
Competición Imposición	Importa la meta, no las relaciones: – Ganar – Perder – Tomar decisiones sin el otro – Utilizar al otro	Si se enfrenta uno a otro, el ganar puede provocar cólera y resentimiento entre ambas personas, lo que podría dañar la capacidad de los dos para trabajar productivamente. La estrategia de ganar-perder solo es adecuada cuando, para uno, la meta es muy importante y las relaciones no. Esta estrategia implica: 1. Asumir que los conflictos se resuelven cuando una persona gana y otra pierde. 2. Superar y dominar a los oponentes haciéndoles aceptar la solución propia.

→

Sumisión **Acomodación** **Cortesía**	La meta no es importante, pero sí las relaciones: – Quedar bien – Guardar las formas Implica permitir que la otra persona tenga su propia salida.	En las relaciones a largo plazo uno se preocupa por los intereses de la otra persona. Uno se esfuerza por lograr metas para los dos, es decir, metas comunes. La calidad de vida depende, en parte, de la calidad de las relaciones que se mantienen con la otra persona. La acomodación adecuada se produce cuando dos personas: 1. Comparten metas comunes a largo plazo. 2. Cada una presenta sus propios intereses. 3. Cada una valora los intereses verdaderos de una y otra. 4. Una cede sus intereses para ayudar a la otra.
Evasión **Evitación**	No importa la meta ni las relaciones: – Pensar que no hay nada equivocado – Alejarse – Ponerse fuera de órbita de la otra persona Implica renunciar a metas y relaciones.	Es un error pensar que ignorar un conflicto puede resolverlo. Rehusar enfrentarse con un conflicto tiene costos personales e interpersonales. Ignorar un conflicto no lo hace desaparecer, sino que, posiblemente se complica y puede llegar a tener consecuencias desagradables: 1. Engendra miedo, resentimiento y hostilidad. 2. Da lugar a determinadas emociones que lo expresan indirectamente. 3. Desemboca en un conflicto que se aborda de manera indirecta.

Negociación Compromiso	La meta y las relaciones son moderadamente importantes: – Todo el mundo cede algo – Nadie consigue exactamente lo que quiere	Se busca compromiso cuando: **1.** El tiempo es breve y no hay tiempo de comprometerse en una estrategia de solución de problemas. **2.** La meta y las relaciones parecen de moderada importancia.
Cooperación Colaboración	La meta y las relaciones son importantes: – Resolver problemas juntos – Hablar sobre ello – Llegar a una solución que agrade a todos – Negociar: GANAR - GANAR	Cuando las metas y las relaciones son de gran importancia hay que iniciar la solución de problemas expresando directamente la visión del conflicto y sus sentimientos sobre el mismo, invitando a la otra persona a hacer lo mismo. La iniciación lleva a clarificar y explorar: **1.** Los problemas. **2.** La naturaleza y fuerza de los intereses subyacentes de los participantes. **3.** Los sentimientos de los contendientes.

Técnicas no-violentas para la resolución de conflictos

La mediación es ante todo una técnica de resolución de conflictos entre personas, pero no es la única. Tiene unas características especiales que la definen, sobre todo a nivel educativo y escolar, de las que hablaremos específicamente en un capítulo posterior, pero que iremos viendo a lo largo de todo el libro.

Para que exista claridad en cuanto a la utilización de la mediación es importante conocer también en qué consisten otras estrategias o técnicas de resolución de conflictos que podrían, en algunos casos, confundirnos y pensar que estamos utilizando la mediación, cuando en realidad estamos trabajando con otra técnica diferente, cuyas finalidades, estructura y resultados no son los de la mediación.

La Tabla que incluimos en la página siguiente intenta resumir cinco técnicas, entre ellas la mediación, que sirven para la resolución no-violenta de conflictos entre personas o grupos. Como podremos observar existen similitudes y diferencias que las hacen más o menos adecuadas, dependiendo del conflicto y las personas involucradas.

La *negociación* y el *arbitraje* son técnicas más utilizados en cuestiones relacionadas con el ámbito laboral, con la diferencia de que en la primera no existe una tercera parte y en la segunda es la que define el acuerdo final.

La *conciliación* y la *mediación* parten de la voluntariedad y la primera es la más utilizada en procesos de mediación familiar y se centra mucho en el pasado relacional, mientras que la segunda se enfoca más hacia el futuro y otorga todo el poder de decisión a las partes.

Por último, el *juicio* representa la fórmula social de resolución no violenta, apoyada en leyes, que define y dicta sentencia vinculante a favor de una de las partes, en un enfoque de resolución de ganar-perder.

Análisis del conflicto: elementos y fases

En apartados anteriores de este capítulo dedicado al conflicto, nos hemos acercado a los elementos que nos ayudan a definirlo, también hemos trabajado sobre las diferentes visiones o ideas previas que podemos tener las personas, y sobre las actitudes o formas de enfrentarnos y algunas de las técnicas de resolución no violenta.

Estos elementos y algunos más que veremos a continuación, son la base para poder llegar a realizar un buen análisis de las variables más importantes del conflicto, de cara a realizar una intervención mediadora. Es muy importante que como mediadores y mediadoras seamos capaces de "dibujar" una buena estructura del conflicto para saber cuáles podrán ser las posibles vías de solución y, también, enfocar el proceso de mediación hacia los verdaderos intereses y necesidades de las partes.

¿Por qué es importante tener un buen análisis del conflicto antes de realizar una mediación?

Importa mucho tener un buen análisis del conflicto para:

- Poder hacer las preguntas adecuadas que aclaren la situación.
- Enfocar el proceso hacia los elementos que consideremos de especial relevancia y que deben ser hablados en la mediación, para que ambas

TÉCNICAS	FINALIDAD	INTERVENCIÓN DE TERCEROS	PARTICIPACIÓN DE LAS PARTES	COMUNICACIÓN ESTRUCTURADA	¿QUIÉN RESUELVE?	FUERZA DE LA RESOLUCIÓN O ACUERDO
NEGOCIACIÓN	– Centrada en el futuro/pasado – Las dos ganan – Se hacen concesiones y buscan un acuerdo que satisfaga intereses comunes	– No hay	– Voluntaria	– La más informal de todas	– Las partes	Según las partes: – Contrato vinculante – Acuerdo verbal
CONCILIACIÓN	– Centrada en el Pasado – Los dos ganan – Buscan la reconciliación.	– Existe: Es el juez. Reúne a las partes para hablar o transmite información entre ellas	– Voluntaria	– Informal: No hay pasos a seguir	– Las partes – El juez sólo preside	– Vinculante (judicial) – Compromiso
MEDIACIÓN	– Centrada en el Futuro – Las dos ganan – Buscan la comprensión mutua y colaboran para lograr un acuerdo satisfactorio para ambos	– Existe: El/los mediador/es Controlan el proceso y ayudan a las partes a identificar y satisfacer sus intereses	– Voluntaria	– Informal / formal	– Las partes	– Según acuerden las partes
ARBITRAJE	– Centrada en el pasado – Una gana y otra pierde	– Existe: Es el árbitro que dicta el laudo	– Voluntaria / requerida – Presentación de necesidades, intereses y posiciones ante un tercero neutral	– Formal. Hay reglas pactadas por las partes	– El árbitro	– Según acuerden las partes: • vinculante o simple • compromiso
JUICIO	– Centrada en el pasado – Una gana y otra pierde	– Existe y es determinante: Es el juez quien dicta una sentencia	– Requerida	– Formal	– El juez	– Vinculante

TERCERA PERSONA ← CONTROL DE PROCESO Y RESULTADOS → PARTES

© narcea, s.a. de ediciones

partes los escuchen, siempre a partir de preguntas, parafraseos, re-encuadres o resumiendo situaciones que cuentan las personas.

- Conocer los verdaderos sentimientos que subyacen en el conflicto por parte de las personas.
- Acercarse a la *"verdad"* de los hechos que han ocurrido y a las diferentes visiones que tienen las partes o también otras personas que pudiesen estar involucradas.
- Ser conscientes como mediadores y mediadoras de las posibles dificultades que pueden impedir una resolución positiva y un acuerdo final, así como de los elementos que nos ayudarán a tener éxito.
- Analizar sobre las causas y el origen, así como también las consecuencias que para las personas ha tenido el conflicto y puede seguir teniendo.
- Reflexionar sobre mi idoneidad como mediador o mediadora para realizar la mediación, analizando aquellos elementos que me impidan ser imparcial o que me puedan obligar a prejuzgar a alguna de las personas en conflicto.

Existen formas de análisis de conflictos muy amplias y complejas que podemos conocer y estudiar en otras publicaciones y manuales. En este libro, enfocado a la mediación en el ámbito educativo y escolar, trabajaremos con la que estructuró Lederach (1998) que nos hablaba de tres aspectos de análisis que tienen que ver con *las personas, el proceso y el problema* o los hechos.

Elementos relacionados con las personas:

- Los protagonistas, principales y secundarios.
- El poder o capacidad de influencia de las personas en el conflicto.
- Las percepciones del problema (forma personal de interpretar el conflicto, sus causas y explicaciones).
- Las emociones y los sentimientos que han generado y generan en las personas.
- Las posiciones o estado inicial de las personas ante el conflicto.
- Los intereses y necesidades. Los intereses son los beneficios que deseamos obtener a través del conflicto, suelen estar relacionados con las posiciones.
- Los valores y principios. Son los elementos culturales e ideológicos que justifican y argumentan los comportamientos.

© narcea, s.a. de ediciones

Elementos relacionados con el proceso:

- La dinámica del conflicto. Es la historia que ha llevado al conflicto; muy a menudo existe un conflicto latente que no es percibido como tal, al menos de forma explícita.

- Un aspecto importante dentro de este apartado es la polarización (las partes se ven a sí mismas en posición de toda la razón y niegan la razón al otro).

- La relación y la comunicación. Ambas pueden facilitar o perjudicar el proceso de resolución del conflicto.

- Los estilos de enfrentarse al conflicto.

Elementos relacionados con el problema:

La sustancia, lo que ha pasado, los hechos. Según sean los hechos se pueden distinguir diferentes tipos de conflictos: de relación-comunicación; de intereses-necesidades; de preferencias-valores-creencias. En el siguiente Cuadro podemos ver el resumen de todos estos elementos que nos ayudarán a realizar un análisis correcto del conflicto antes del proceso de la mediación.

ELEMENTOS DEL CONFLICTO		
	Protagonistas	• Principales y secundarios • Conflictos: Intrapersonales, interpersonales, intergrupales, etc.
Relativos a las personas	Poder	• Neutralidad y reequilibrio
	Percepciones	• Importancia dada al conflicto
	Emociones y sentimientos	• Claves para empatizar • Momentos: premediación y situar el conflicto
	Posiciones	• Estado inicial. Esconden los intereses y necesidades
	Intereses y necesidades	• Intereses: beneficios a obtener inmediatos • Necesidades: para vivir, más a largo plazo. Ideales.
	Valores y principios	• Elementos culturales e ideológicos

Relativos al proceso	*Dinámica del conflicto*	• Momento actual: latencia, crisis, escalada… • Polarización: las partes se ven a sí mismas en posición de la razón	
	Relación y comunicación	• Relación • Comunicación • Estereotipos	
	Estilos de enfrentamiento	• Competición, evitación, acomodación, compromiso, colaboración	
Relativos al problema	*Los hechos*	• Datos, hechos • Relación	
	Tipos de conflicto	• Relación/comunicación	
		• Intereses, necesidades	Por recursos
			Por actividades
		• Preferencias, valores, creencias	

Para realizar un buen análisis del conflicto es importante también que los mediadores conozcan cuáles son las fases más habituales por las que pasan los conflictos entre personas. Dependiendo del momento en el que se encuentre dicho conflicto, podemos decidir sobre la conveniencia o no de realizar un proceso de mediación. Los conflictos pueden subir o bajar, pueden agravarse o debilitarse. La subida o la bajada de la tensión acumulada en un conflicto puede describirse gráficamente, como vemos a continuación.

FASES DEL CONFLICTO

Cuanto más alto subimos en el eje vertical, más nos acercamos a la violencia y más difícil es bajar. Sin embargo, es posible descender en cualquier momento. Esto es de lo que tratan las habilidades y las ideas para la resolución no violenta en las que se basan los sistemas como la mediación.

A modo de ejemplo sencillo, en cualquier situación, incluso en una situación potencialmente violenta, si nuestra respuesta siguiente es una respuesta positiva y asertiva, tenemos la posibilidad de descender el nivel del conflicto.

Hay conductas que tienen la virtud de hacer subir la tensión del conflicto, de subir más y más en la escalada hasta el tope final cercano a la explosión.

Entre las conductas que más elevan la temperatura del conflicto están la *intimidación*, el *resentimiento*, la *generalización*, el *contraataque* y la *arrogancia* o prepotencia.

ESCALADA DEL CONFLICTO		
CONDUCTAS PARA ESCALAR EL CONFLICTO	**INDICADORES**	
Intimidación	Amenazar Descalificar Presionar	**IRA**
Resentimiento	Recordar fracasos o errores	**CÓLERA**
Generalización	Utilizar palabras como: • *Siempre* • *Todas las veces* • *Nunca* • *Ninguna vez*	**HOSTILIDAD**
Contraataque	Quejas Insultos Amenazas	**FRUSTRACIÓN**
Prepotencia	Avasallar Imponerse al otro No escuchar No tener en cuenta el punto de vista de la otra persona	**TENSIÓN**

■ *La intimidación* es un tipo de conducta agresiva que se manifiesta en forma de acusaciones, amenazas o disparates verbales.

■ *El resentimiento* es el recuento de errores y fracasos que una persona ha podido cometer en el pasado y que permiten al acusador desplazar el foco de interés del problema actual.

■ *La generalización* consiste en utilizar palabras como *siempre, todos, nunca*, en lugar de la palabra precisa y correcta específica de cada caso. Se suelen utilizar con enunciados que comienzan con la expresión *"Tú…"*.

■ *El contraataque* permite atacar a la persona en lugar del problema que se está abordando. Se lanza un listado de quejas contra una persona en lugar de escuchar y conocer su punto de vista sobre el conflicto.

■ *La arrogancia* no hace nada por resolver el problema. Se está por encima de todo, especialmente por encima de esos problemas "sin importancia".

Ficha para el análisis de conflictos

Una vez que hemos visto los elementos más importantes para el análisis de los conflictos quiero ahora proponerle un modelo de ficha para el análisis sencillo y reflexivo que le ayudará en su labor como medidor o mediadora.

Comenzaremos por hacer un pequeño **resumen** de lo que ha pasado, centrándonos en los hechos que han sido más visibles, en el conflicto que se ha producido entre las dos personas. Después es necesario que intentemos investigar algo más sobre elementos concretos del conflicto que nos ayudarán a entenderlo y sobre todo a ser conscientes de lo que no se ha visto en lo que ha pasado.

El momento ideal para hacer este análisis, dentro del proceso y del modelo de la mediación educativa y escolar que explicaremos en el capítulo quinto, sería una vez que las partes han aceptado la mediación y hemos podido hablar con ellas por separado, en la fase que denominaremos pre-mediación. No obstante, este tipo de ficha de análisis también nos será de gran utilidad en la formación de mediadores para analizar supuestos casos de conflicto, ya sea en formato escrito o audiovisual.

Los **elementos que contiene la Ficha-guía de análisis** de conflictos para mediación escolar y su explicación son los siguientes:

■ **Relaciones**: ¿Qué relación tiene cada una de las personas con la otra? Son compañeros de aula, amigos, vecinos, viven cerca, ya se conocía o no, tiene una relación especial, son de un grupo o de diferentes, etc.

- **Sentimientos**: ¿Cuáles son los sentimientos que usted crees que le ha supuesto el conflicto a cada persona por su forma de afrontarlo, de reaccionar y por los hechos que han pasado? ¿Cómo cree que se encuentra cada una? Triste, feliz, enfadada, violenta, deprimida, disgustada, culpable, inocente, con miedo, con ira, etc. Se trata de un ejercicio de empatía que se puede mezclar, en cierta medida, con prejuicios, si ya conocemos a las personas implicadas, algo que suele suceder en un centro escolar. Esta habilidad para separar empatía y prejuicios es del todo fundamental en nuestra formación como mediadores escolares, si queremos llegar a serlo.

- **Actitudes ante el conflicto**: ¿Cómo se ha enfrentado cada una de las personas al conflicto que han tenido? ¿Han sido competitivas y agresivas, han sido pasivas o han evadido el conflicto y la resolución?

- **Posiciones**: Se trata de la verdad "inmutable" que nos cuenta cada una de las partes. Esa verdad basada en la propia percepción distorsionada que se tiene al estar en una situación de conflicto. Es el punto de partida de la mediación, pero debemos ir alejando a las partes de estas visiones personalistas y buscar nuevas visiones compartidas y basadas en intereses comunes.

- **Necesidades**: Se trata de saber qué es lo que necesita cada persona de manera inmediata para sentirse tranquila, sentirse mejor y estar dispuesta a intentar resolver el conflicto. A veces sirve con que le ofrezcamos la mediación como una salida, a veces sirve con una disculpa, a veces sirve con que el conflicto se pare o que desaparezca aquello que lo ha generado, a veces sirve con un tono de voz asertivo después de la agresividad y la violencia, a veces sirve con separarse y tomar distancia, a veces sirve llorar y desahogarse.

- **Deseos**: Es importante para los mediadores saber cuál sería el ideal de cada una de las partes para que el conflicto estuviese resuelto. Quizás es inalcanzable, irrealizable, es un sueño, pero es muy importante para esa persona y debemos tenerlo en cuenta a la hora de realizar el proceso mediador.

- **Soluciones**: ¿Qué soluciones plantearía cada una de las personas para que el conflicto quedase resuelto? Es seguro que estarán relacionadas con sus necesidades y deseos y que no tienen por qué coincidir con los de la otra parte. Pero ahí es donde deberemos buscar para encontrar esos intereses comunes que pueda llevarlas a una solución acordada y decidida por ellas, con nuestra ayuda como mediadores y mediadoras.

FICHA-GUÍA PARA EL ANÁLISIS DE CONFLICTOS

Resumen del conflicto:

ELEMENTOS	PERSONA 1	PERSONA 2
Relación (de una con la otra)		
Sentimientos (que le produce el conflicto a cada una)		
Proceso (desarrollo del conflicto)		
Estilos de enfrentamiento (actitudes ante el conflicto)		
Valores (de cada persona)		
Posiciones (la verdad de cada una; son inamovibles)		
Necesidades (inmediatas, de cada una, para sentirse mejor)		
Deseos (el ideal, largo plazo, para solucionar para siempre)		
Soluciones (posibles soluciones a este conflicto)		

Claves del análisis de conflictos en los procesos de mediación

Para finalizar este tercer capítulo dedicado al conflicto y su análisis queremos insistir –desde la perspectiva de varios expertos– en conceptos fundamentales relacionados con esta parte del proceso mediador, que debemos tener perfectamente aprendidos y asimilados en la propia capacitación personal como mediador o mediadora. Hemos hablado de ellos de una manera más técnica al desarrollar los apartados de la ficha para el análisis de los conflictos, y ahora vamos a intentar ampliar su formación en estos conceptos clave.

La mediación es vista por la mayoría de los autores como un proceso de desbloqueo de un conflicto a través de la intervención de una tercera persona neutral que ayuda a las partes a poner en juego sus propias capacidades para hallar una solución y acordarla. Sin embargo, como dice el experto internacional en gestión de conflictos Josep Redorta (2007):

> "Todos los mediadores experimentados y la misma investigación han dado una importancia crucial y creciente a un aspecto del problema: el análisis del conflicto. Es decir, la composición de lugar que se hace el mediador respecto de lo que está ocurriendo".

Las personas: agentes, actores o partes del conflicto

Las personas son sin duda el primer elemento de nuestro modelo de análisis y son los, directa o indirectamente, involucrados en el conflicto, y quienes han realizado o están en situación de realizar acciones u omisiones por las que pueden tener responsabilidad en la situación de conflicto. También son las personas que hemos definido como "protagonistas" en los hechos y en un posible proceso para un acuerdo de resolución. En este sentido cuando el conflicto se plantea entre grupos será necesario buscar aquellas personas que tiene un liderazgo interno reconocido en cada grupo, para que sean ellas las que afronten el proceso de resolución. Este aspecto del análisis responde a la pregunta básica e inicial de cualquier conflicto, *¿Quiénes?*

Las percepciones y la empatía como ayuda

La percepción consiste en la integración significativa de los datos de la experiencia sensorial. El proceso es complejo y en él intervienen diversos factores como las sensaciones, el pensamiento, la memoria, la afectividad, etc., y depende en gran medida de nuestros valores y creencias.

© narcea, s.a. de ediciones

Para indagar en las percepciones intentaríamos responder a preguntas del tipo ¿Cómo ve el conflicto cada parte? ¿Qué piensa cada uno del otro y de la situación creada?

Cada persona tendrá percepciones divergentes de la otra, de sí misma y de la situación. Roger Fhisher (1996) lo expresa diciendo que cada una tendrá "una evaluación diferente de cuáles son las cuestiones más importantes y distinta percepción de los que es históricamente significativo, de los hechos actuales, de sus propios motivos de queja y de las metas e intenciones de todas las partes involucradas".

Es importante recalcar que resulta prácticamente imposible imponer a las partes una percepción diferente a la que ya tienen, y que es a través del proceso de la mediación donde se pueden ir modificando esas percepciones distorsionadas por el propio conflicto. Para conseguir esto debemos utilizar la técnica de la *empatía* e intentar que ambas personas se pongan en el lugar de la otra. Esto no significa estar de acuerdo con él o ella, ni compartir su perspectiva y posición, no se trata de "simpatía" o afectividad duradera, se trata de comprender a la otra persona o al menos su actuación en el conflicto.

Uno de los elementos más complejos en la percepción de un conflicto es el conjunto de valores y creencias de cada uno. Cuando obramos según una escala de valores o creencias, o asignamos un alto valor a una cosa o persona, nos encontramos ante un planteamiento dual del tipo "o lo uno o lo otro" que, en un principio, excluye todo acuerdo o reparto de responsabilidades.

Ortega y Gasset (1959) decía que somos nuestras creencias y que: "toda percepción de una situación, toda perspectiva personal en que se sitúen hechos, conductas y personas, resulta un horizonte verídico y auténtico para el sujeto en cuestión, que no puede impugnarse desde afuera y solo él mismo puede reenfocar".

Es de suma importancia para los mediadores ser conscientes de la existencia de estos elementos relacionados con las percepciones de cada una de las partes, y sobre todo de la existencia de esos valores o creencias que pueden impedir avanzar desde las posiciones a los intereses.

Las posiciones

Hemos hablado anteriormente de ellas y se trata de las exigencias que expresa cada persona para defender su postura y que representan la visión personal de lo ocurrido, lo percibido y la vivencia actual del conflicto.

El discurso de las posiciones revela los puntos en conflicto, deja entrever la intensidad del sufrimiento de quien lo realiza y además necesita y exige toda la atención del mediador, que intentará buscar la respuesta a preguntas como ¿Qué dice cada persona que quiere? ¿Cuál es la exigencia de cada parte? Suele compararse este discurso posicional con la punta del iceberg, como nos decía Galtung (1988), y es a través del proceso mediador donde deberemos intentar averiguar cuánto hay debajo de la superficie.

Intereses y deseos

Estos dos elementos no suelen manifestarse o buscarse en las primeras fases de una mediación, pero, sin duda, son el origen "subacuático" de ese iceberg que es el conflicto y del que solo distinguimos la cresta, que nos habla de las posiciones de cada una de las partes. Los intereses y deseos responden a las siguientes preguntas:

- ¿Qué quiere realmente cada parte?
- ¿Por qué quiere eso cada persona?
- ¿Para qué lo pide?

Cuando en el proceso mediador hemos llegado a este punto, que se correspondería con la fase de situar el conflicto, debemos tener en cuenta que la finalidad que persigue cada parte siempre importa. Lo que no es tan importante en ese momento son las causas del conflicto, salvo que podamos actuar sobre ellas, ya que si volvemos a las causas y no podemos hacer nada se podría avivar de nuevo el enconamiento inicial entre ambas personas.

Los intereses son para los creadores del modelo de mediación de Harvard "los resortes silenciosos debajo del ruido de las posiciones". También identifican como intereses "las necesidades, deseos, preocupaciones y temores de las partes que rivalizan, y buscan encontrar aquella zona donde buena parte de aquellos puedan compartirse o compatibilizarse". No obstante, este modelo enfoca todo el proceso mediador a intereses que entran en la lógica de costo/beneficio y de los acuerdos justos y equitativos en cuestiones más bien materiales.

La mediación escolar es un proceso más educativo, transformador y menos "mercantil" pero que no debe obviar el conocimiento de estos elementos de la negociación entre partes. En ocasiones dependiendo del caso, de las personas o de la situación deberemos optar por enfoques más pragmáticos basados en la equidad y el costo/beneficio.

Necesidades y deseos

Lo necesario es aquello que no puede no ser, es aquello que debe suceder indefectiblemente y es opuesto a contingente, prescindible o superfluo. Las personas en conflicto tienen una tensión interna que dirigen hacia lo que anhelan a toda costa y con lo cual se sentirían satisfechas. Responde a la pregunta: ¿Qué es aquello de lo que cada parte no puede prescindir?

Los deseos son algo más a largo plazo, como una finalidad última, pero las necesidades son aquello imprescindible para sentirse bien de manera inmediata. El psicólogo Abraham Maslow (1967) diferenciaba cinco niveles de necesidades:

   I. Necesidades fisiológicas (supervivencia).
   I I. Necesidades de seguridad (estabilidad y orden).
   I I I. Necesidades de pertenencia (interacción social, dar y recibir).
   IV. Necesidades de autoestima (respeto y reputación).
   V. Necesidades de autorrealización y desarrollo individual.

Los cuatro primeros niveles son necesidades básicas para cualquier persona y pueden ser satisfechas, mientras que el quinto es un nivel superior de mejora personal y necesita de un trabajo constante e individual de cada persona. Es importante destacar que las necesidades no son negociables, como por ejemplo tampoco lo son los Derechos Humanos, y que solo puede cederse sobre ellas bajo imposición.

Recursos

Es un elemento clave del que no hemos hablado en la ficha de análisis pero que es necesario tener en cuanta sobre todo fuera del ámbito educativo y escolar. Se dice que todo compromiso que exceda de los recursos está escrito en el agua. Satisfacer lo que necesita cada parte, lograr sus intereses y acercarse a lo que se desea, debe tener siempre como límite lo que cada una de ellas puede llegar a poner sobre la mesa para ese posible acuerdo. Establecer compromisos donde una de las partes, por mucho que quiera, no podrá hacer frente a lo que acuerda, no tiene sentido y el incumplimiento podría reactivar el conflicto.

Como mediadores, debemos ser capaces de buscar esas zonas de convergencia entre las partes en lo referente a los intereses y los deseos de cada persona, sin perder de vista cuáles son las posibles aportaciones de cada una de ellas para la resolución del conflicto y el posible acuerdo.

© narcea, s.a. de ediciones

Aquí entran en juego también las terceras personas que, pudiendo estar de alguna manera involucradas en los hechos, podrían ayudar para que el acuerdo fuese posible y convertirse también en recursos a tener en cuenta en el proceso mediador.

Por último, para terminar, veamos un cuadro resumen de Viñas (2004), sobre los principios básicos en la mediación y resolución de conflictos. Me parece muy interesante y de alguna manera sirve para completar este apartado. Este autor afirma que:

- Los conflictos son un fenómeno natural de las organizaciones:
- Los conflictos no se resuelven nunca solos.
- El principio de resolución es: *"Todos salimos ganando"*.
- Los conflictos son diversos y su resolución también: conflictos interpersonales, de rendimiento, de poder, de relaciones, de comunicación...
- Los conflictos se producen en un contexto y la resolución debe ser contextualizada.
- La cultura de mediación y resolución pacífica de conflictos nos aporta modelos que hay que adaptar a cada situación.
- No solo nos centramos en conductas, sino también en los marcos de conducta.
- Los conflictos y su resolución son procesos con fases definidas. Hay que actuar de forma adaptada a cada fase.
- El conflicto siempre tiene dos partes, y las soluciones implican siempre a las dos partes.

Causas más comunes de los conflictos escolares

Para finalizar este capítulo dedicado al conflicto, a sus definiciones, visiones, actitudes, análisis, técnicas de resolución, etc., me gustaría acercar al lector a la realidad diaria de los conflictos en las escuelas.

Los centros escolares, entendidos como espacios de convivencia y aprendizaje, son un reflejo de la sociedad en la que desarrollan su actividad y son totalmente permeables a los cambios sociales, sobre todo en lo referente a las formas de relación social y de comportamiento. Estos elementos sociales son quizás los más determinantes en la aparición de conflictos y problemas de convivencia en las escuelas en la actualidad.

Hagamos ahora una reflexión sobre estos elementos de cambio social que están en el origen de parte de la conflictividad escolar:

■ *El aumento de la edad de escolarización obligatoria* impide la selección del alumnado que está motivado para el estudio y aquel que desearía incorporarse al mundo laboral en una edad temprana.

■ *Las relaciones entre el alumnado y el profesorado*, entre padres e hijos o entre gobernantes y gobernados se han modificado, sobre todo en lo relativo a la forma en que se ejerce o se entiende la autoridad.

■ *La diversidad cultural y de valores* del alumnado y también del profesorado y de las familias ha aumentado notablemente desde finales del siglo XX. Las normas para todos bajo una única perspectiva cultural, social, económica complican su cumplimiento en personas con orígenes muy diversos y se convierten en un freno para la inclusión educativa, que es uno de los pilares fundamentales de los sistemas educativos modernos.

■ *La falta de estrategias del profesorado para gestionar y resolver conflictos* como consecuencia de una formación más "instructivista" que "educadora" en su preparación para la profesión docente. Las funciones docentes ya no solo se limitan a la transmisión de conocimientos, esto genera un nuevo escenario para el profesorado que en muchas ocasiones le desborda y le lleva a la impotencia y el desánimo.

Existe un desajuste entre los objetivos educativos que pretende la institución escolar y los que persigue el alumnado, reflejo de una sociedad que no persigue objetivos a largo plazo, que exalta el beneficio rápido y con poco esfuerzo.

La realidad del conflicto en la escuela está originada por el hecho de ser una organización, y desde el momento en que se crea una organización, inevitablemente se produce dentro de ella un cierto tipo de hegemonía, de poder, de tensiones, etc., y toda hegemonía genera una resistencia y con ella una determinada conflictividad, moldeada en nuestro caso por las circunstancias específicas de las que hemos hablado en los puntos anteriores.

Entonces, ¿cuáles son estos conflictos más comunes en las escuelas? Veamos para esta cuestión una tipología sencilla de los conflictos escolares; según Carbonell y Peña (2001):

■ **Nivel 1:** *Conflictos comunes.* Aparecen en todos los centros educativos y son el día a día de la convivencia y suelen ser fáciles de resolver: incumplimiento de normas, faltas de respeto, destrozo de material,

© narcea, s.a. de ediciones

alboroto puntual, suciedad, insultos, burlas, malentendidos, utilización inadecuada de aparatos electrónicos, absentismo escolar.

■ **Nivel 2:** *Conductas disruptivas.* Generadas por alumnado que, ya sea por problemas sociales, personales, académicos o médicos, genera un clima de conflictividad constante en el aula impidiendo el normal desarrollo de los procesos educativos. Estas conductas pueden derivar en violencia física o verbal en algunos casos. No se dan en todos los centros, pero cada vez es más habitual que exista algún alumnado con estas características. Podría derivar en una conducta antisocial y pasar al siguiente nivel.

■ **Nivel 3:** *Conductas antisociales.* Son los conflictos que podríamos denominar como graves o muy graves, donde la violencia física o psicológica adquieren un nivel elevado y reiterado en el tiempo: el acoso escolar o bullying, el ciberacoso, las agresiones, la violencia de género, los robos sistemáticos, el vandalismo, los atracos, las agresiones sexuales, la utilización de armas, las amenazas, la discriminación por género, raza, orientación sexual, religión, discapacidad, el deterioro grave intencionado de las instalaciones.

La mediación educativa y escolar, como técnica no violenta de resolución, no sirve para la gestión de todo tipo de conflictos. Los mediadores escolares son, en muchos casos, los propios estudiantes, cuyo nivel de capacitación les permite actuar solo en algunos conflictos que serían siempre del primer nivel que hemos denominado "conflictos comunes", del tipo:

■ Conflictos con los/as amigos/as.

■ Conflictos entre los miembros de la comunidad educativa.

■ Comentarios vejatorios contra mi persona o contra algún amigo/a mío/a.

■ Problemas de convivencia que no sean muy graves.

■ Rumores que se hayan propagado contra mí o contra alguna persona de la comunidad educativa.

■ "Acontecimientos" que suceden en el centro educativo o fuera de él que vayan contra la convivencia (una pintada metiéndose con alguien).

■ Cuando insultan o se meten con una persona.

■ Cuando alguna persona de la comunidad educativa se vea "molestada" por otro miembro de dicha comunidad (comentarios en las redes sociales).

- Cuando se produzcan entre personas situaciones desagradables o que alguna persona de la comunidad educativa piense que son injustas.
- Problemas de malentendidos entre personas.
- Conflictos de comunicación: son los más comunes en la mediación escolar.

Conflictos de Comunicación para la Mediación Escolar

o Insultos

o Malos entendidos

o Informaciones interesadas para crear conflictos

o Faltas de respeto verbales

o Rumores

o Redes Sociales en nivel inicial

o Comentarios despectivos

La Mediación Escolar crea una nueva realidad comunicativa entre las partes. Sus normas, sus tiempos, las habilidades que se ponen en práctica, enseñan cómo debe ser una comunicación normal. A veces las personas generan conflictos de comunicación porque sencillamente creen que su forma de comunicarse es la normal, y no entienden cómo puede generar conflictos. Otras veces es una diferente percepción de la realidad la que lleva al conflicto comunicativo. Hablar de ello de manera tranquila ayuda a darse cuenta de los errores que cada uno cometemos en nuestra comunicación. La Mediación Escolar no sólo resuelve conflictos, sino que educa y transforma a las personas.

Hemos visto dónde podemos ayudar con la mediación en los conflictos escolares, veamos ahora *dónde no podemos ayudar o no debemos exponer a los mediadores* de nuestra escuela en este tipo de conflictos, que se encuentran dentro de los niveles segundo y tercero de la tipología que hemos visto:

- Maltrato entre iguales, acoso escolar o ciberacoso, certificados y reiterados en el tiempo.
- Deterioro del material en el centro educativo.
- Cuando hayan desaparecido objetos u otras cosas (robos).
- Graves problemas de convivencia en el centro educativo.
- Cuando hay un enfrentamiento entre dos grupos de personas.
- Violencia física, sexual o psicológica de cualquier tipo contra algún miembro del centro.
- Disrupción en el aula.
- Violencia con armas.

La comunicación

Iniciamos con este capítulo, la parte más importante para la formación en habilidades del mediador o mediadora, y nos adentramos en las técnicas de comunicación que deberá poner en práctica, en los procesos de mediación.

Hasta ahora hemos visto fundamentos teóricos, algunos modelos mediadores, y hemos aprendido a analizar conflictos y reflexionado sobre sus tipologías en el ámbito educativo y escolar. Todo esto representa una base teórica importante sobre la que asentar la mediación escolar y que nos ayudará a tener una visión global de sus posibilidades. Ahora necesitamos conocer y aprender las técnicas que vamos a utilizar en las situaciones de mediación como mediadores.

Comenzaremos con la escucha activa, quizás la más importante en las primeras fases del proceso mediador, donde las personas en conflicto cuentan su visión de lo que ha pasado. Veremos que no se trata solo de escuchar, sino que muchos otros elementos influyen para que esta técnica se haga correctamente. También los mensajes en primera persona, autoafirmaciones o mensajes "yo", deben ser conocidos y controlados para el éxito de las mediaciones. Más complejas son las técnicas de asertividad que nos darán realmente una especialización muy importante. Conocer con claridad en qué consiste la empatía será parte clave para la resolución de los conflictos. Y, por último, dedicaremos dos apartados a la comunicación no verbal y al lenguaje corporal que son imprescindibles para que los mediadores puedan comprender en su totalidad lo que está pasado en el proceso mediador y tomen decisiones u orientaciones acertadas para el éxito del proceso.

Elementos de la comunicación y estilos de comunicación

De una manera muy elemental, podemos definir la comunicación como el proceso de enviar y de recibir señales. Este acto de comunicación se produce de una manera tan natural que muchas veces no le concedemos la importancia que tiene. De hecho, pasamos una buena parte de nuestra actividad diaria comunicándonos a través de las palabras, de los silencios, de los gestos, del tono de voz, o, incluso, de la manera de vestir sin que seamos conscientes de ello. Una reflexión más profunda sobre la importancia que tiene la comunicación y la manera en la que nos comunicamos con el entorno puede ayudarnos a mejorar nuestras relaciones con los demás.

Para ampliar un poco más la definición que hemos dado anteriormente, podemos decir que la comunicación es un proceso por el cual un emisor, en unas circunstancias determinadas, a través de un canal y utilizando un código, envía un mensaje al receptor sobre el que va a ejercer una determinada influencia. Para que se produzca este acto de comunicación es necesario, que se den una serie de elementos sin los que este proceso no sería posible. Estos elementos son: el *emisor*, el *receptor*, el *mensaje*, el *canal*, el *código* y el *contexto*.

- **El emisor** es el encargado de codificar el mensaje, es decir, de convertir su pensamiento en una señal que pueda ser percibida por el receptor.

- **El receptor**, a su vez, debe realizar el proceso contrario: decodificar el mensaje, esto es, reconocer la señal y transformarla en algo que tenga significado. Lo más frecuente es que a lo largo del mismo acto de comunicación los papeles de emisor y receptor se vayan alternando sucesivamente.

- **El mensaje** es el resultado de esta actividad de codificación y decodificación, es lo que el emisor quiere transmitir. Pero para que el receptor pueda comprender perfectamente el mensaje, debe entender no solo el significado sino también la intención del emisor. Por ejemplo, *"¡Qué mono estás!"* puede ser un piropo o un insulto.

- **El canal** es el medio físico o virtual a través del cual se transmite el mensaje: oral, cuando hablamos directamente con una persona, escrito, cuando escribimos una carta, un mensaje, un correo electrónico, etc.

- **El código** es el conjunto de reglas compartidas por el emisor y el receptor que permiten formar los mensajes. Si los dos interlocutores no utilizan el mismo código (un idioma, un dialecto, una jerga), no es posible la comunicación.

■ **El contexto** es la situación concreta en la que se produce la actividad comunicativa: el lugar, el momento, las circunstancias. El éxito de la comunicación depende en gran medida de que se produzca en el contexto adecuado.

La Comunicación

Enviar y recibir mensajes (Proceso circular)

A todos estos elementos podemos añadir un factor importante y que no siempre se tiene en cuenta: **la retroalimentación**. La comunicación no se produce en una sola dirección, sino que es bidireccional. Por eso, la retroalimentación, también llamada *feedback*, consiste en el control que el emisor ejerce sobre el receptor y la forma en la que esto va a influir en el mensaje posterior.

Este proceso de *retroalimentación* es de suma importancia para poder evaluar el éxito de la comunicación que depende, en gran medida, de si consigue el resultado pretendido. Estar convencidos de que dijimos las cosas con claridad no nos asegura el resultado y quizás tengamos que buscar nuevas formas de hacer llegar nuestro mensaje.

Como vemos, la comunicación es un proceso complejo que puede tener una influencia importante en la convivencia. Una comunicación deficiente puede resultar una fuente de conflictos. Sin embargo, una buena comunicación ayuda a resolverlos y evitarlos y por eso es importante conocer los recursos comunicacionales que pueden facilitar o entorpecer una buena convivencia.

© narcea, s.a. de ediciones

Los procesos de mediación, por ejemplo, tratan precisamente de dotar a las partes en conflicto de unos recursos comunicativos de calidad para que puedan llegar a encontrar soluciones satisfactorias para ambas. La función del mediador será la de promover la creación de un espacio, de una atmósfera, de un clima en el que las personas tengan facilidad para comunicarse y deseen hacerlo.

Todos tenemos un estilo de comunicación determinado que influye en nuestras relaciones con los demás y que pueden contribuir a mejorar o empeorar la convivencia. Dependiendo de las habilidades sociales que se posean, podemos considerar que existen tres estilos de comunicación:

- Asertivo.
- Agresivo.
- Inhibido.

Estos tres estilos nunca se presentan de manera aislada en un individuo, ya que a veces, y según las situaciones, podemos comportarnos de manera asertiva, agresiva o inhibida, aunque sí podemos establecer una serie de *características* generales de cada uno de ellos.

Una persona se comporta *asertivamente* cuando defiende sus derechos de una manera objetiva, utilizando una serie de habilidades sociales sin ofender a los demás. En lo que respecta a los componentes verbales, la persona asertiva hablará de una manera fluida, con un tono de voz normal, sin tartamudeos, etc. En cuanto a los componentes no verbales, los gestos serán relajados y la postura cómoda y distendida. Cuando utilizamos un estilo de comunicación asertivo contribuimos a generar en los demás una impresión más positiva y a crear un clima de cordialidad que facilita la comunicación interpersonal.

Las personas que se comportan *de manera inhibida* o pasiva no son capaces de defender sus derechos o intereses personales. Intentan evitar molestar a los demás, pero ni se respetan ni son capaces de hacerse respetar por los otros. Suelen hablar con un volumen de voz bajo, de manera poco fluida, con vacilaciones. Huyen del contacto ocular directo, sus gestos son tensos y la postura tiende a ser encogida.

En cuanto a los *agresivos*, defienden sus derechos e intereses personales sin respetar a las personas con las que se relacionan, hacia las que muestran un cierto desprecio. Su objetivo es conseguir dominar a los demás. Con frecuencia utilizan un tono voz elevado, no escuchan y utilizan insultos o amenazas. Suelen mirar fijamente a los ojos con gesto tenso, utilizan gestos amenazadores con las manos, invaden el espacio íntimo del interlocutor.

© narcea, s.a. de ediciones

Por otro lado, encontrar un *buen clima que favorezca la comunicación* no siempre es tarea fácil. Hay que tener en cuenta una serie de *actitudes* que pueden favorecer o dificultar la comunicación entre las que destacamos las siguientes:

- Elegir adecuadamente el lugar en el que se va a realizar el acto de comunicación.
- Escoger el momento oportuno.
- Practicar la escucha activa y no hacer reproches.
- Ser empáticos
- Ser asertivos.
- Realizar preguntas abiertas y no interrumpir el discurso de la otra persona.
- Utilizar mensajes "yo" y no hablar con mensajes "tú".
- Utilizar el mismo código de comunicación.
- Expresar sentimientos y no expresar opiniones vagas e inconsistentes.
- Recompensar la información que nos dé nuestro interlocutor.

La Tabla que sigue resume las actitudes antes descritas.

ESTILOS DE COMUNICACIÓN (Características personales)		
INHIBIDO/PASIVO	**ASERTIVO**	**AGRESIVO**
– No resuelve los problemas personales.	– Resuelve los problemas personales.	– No resuelve los problemas personales.
– Se siente deprimido.	– Se siente a gusto con los demás.	– Se siente culpable.
– Se hace daño a sí mismo.	– Se siente satisfecho.	– Hace daño a los demás.
– Imagen pobre de uno mismo.	– Relajado.	– Tiene una imagen pobre de sí mismo.
– Se siente sin control.	– Se siente con control.	– No le gusta a los demás.
– Se siente solo.	– Se siente a gusto consigo mismo.	– Se siente solo.
– No se gusta a sí mismo ni gusta a los demás.	– Es bueno con él mismo y con los demás.	– Pierde oportunidades para relacionarse con los demás.
– Pierde oportunidades para relacionarse con los demás.		– Se siente enfadado.

© narcea, s.a. de ediciones

También es necesario saber que, para asegurar una buena comunicación interpersonal, son importantes dos habilidades básicas: *saber hablar* y *saber escuchar*. Aunque podemos pensar que son innatas, estas dos habilidades, tan necesarias para lograr unas buenas relaciones, se pueden aprender con la práctica.

En cuanto a saber hablar, cuando nos comunicamos oralmente con otros lo que pretendemos es captar la atención de nuestro interlocutor para poder transmitir nuestro mensaje. Para ello debemos tener en cuenta una serie de pautas o reglas que van a ser muy útiles para organizar nuestro discurso:

- Adecuar la intervención al interlocutor. No es lo mismo dirigirse a un niño de la familia que a una persona adulta desconocida.
- Pronunciar con claridad, vocalizar bien y articular correctamente para que el interlocutor comprenda perfectamente.
- Utilizar un volumen y un tono de voz adecuado para que se nos escuche correctamente y para captar la atención de la persona que nos escucha.
- Fijarse en los gestos del interlocutor, ya que nos servirán como retroalimentación para saber si está comprendiendo el mensaje o si ya no le interesa lo que decimos.
- Establecer un contacto ocular con la mirada de la otra persona para mantener su atención y para conocer su grado de interés por nuestras palabras.
- Ser amable y sonriente nos ayudará a sintonizar afectivamente con el interlocutor y a mejorar la comunicación.
- Mantener una postura correcta y la distancia adecuada contribuirá a que la otra persona se sienta cómoda.

En cuanto a saber escuchar, las habilidades de escucha, en las que profundizaremos en el próximo apartado, también se pueden utilizar una serie de reglas que nos ayudarán a mejorar nuestra capacidad de escucha.

- Escuchar las ideas y no los datos, nos permitirá fijar la atención en las ideas principales y no en lo accesorio.
- Conceder a nuestro interlocutor el tiempo suficiente para expresarse, con esto se conseguirá crear un clima de confianza que favorecerá la comunicación.
- Concentrarse en el discurso, evitar, en la medida de lo posible, distracciones que nos impidan entender el mensaje con claridad.

■ No adelantar conclusiones. Es importante dejar terminar de hablar a la otra persona y no adelantarnos a responder antes de que concluya su exposición.

■ Escuchar con optimismo, no adoptar posturas negativas ante el discurso del otro ni tomar partido antes de escuchar lo que nos tenga que decir.

■ Utilizar la empatía, es decir, ponerse en el lugar del otro para intentar comprender mejor lo que quiere expresar.

■ Tomar notas, en algunas ocasiones, para fijar la atención.

■ Hacer preguntas para pedir aclaraciones y para conseguir que la comunicación sea más fluida.

La escucha activa

Esta habilidad comunicacional consiste fundamentalmente en esforzarse por comprender a la persona que se está expresando, y además que esto se note, que se sienta, es decir, que sea evidente para ella. Se trata por lo tanto de una habilidad del receptor, pero de notable influencia en el emisor a partir de ese *feedback* constante que forma parte de la habilidad. Esa retroalimentación es la que le está diciendo a la otra persona que nos interesa lo que nos cuenta y que le estamos prestando toda nuestra atención.

Para comprender bien, hemos de concentrarnos en lo que nos dice la otra persona, en los pensamientos y sentimientos que nos transmite, poniendo atención tanto en los elementos verbales relativos al lenguaje, como en todos los aspectos del lenguaje corporal y el paralenguaje: postura, tono y cadencia de voz, gestos de la cara, movimientos de manos, distancia de interlocución, postura corporal, etc., de los que hablaremos más adelante en este capítulo.

Cuando escuchamos de forma activa intentamos sintonizar con la otra persona. Dejamos por un momento nuestros puntos de vista para explorar y comprender lo que el otro quiere comunicar. De este modo no solo comprendemos mejor el conflicto, sino que, además, ayudamos a quien lo cuenta a comprenderlo mejor y, por tanto, a buscar vías de solución alternativas y positivas.

Olvidar nuestra sabiduría

Dejamos de lado nuestros puntos de vista para explorar
y comprender lo que la otra persona quiere comunicar

¿Para qué sirve la escucha activa?:

- Para que la persona comprenda lo que siente la otra.
- Para que "escuchemos" los sentimientos que nos quieren transmitir.
- Para facilitar la comunicación.
- Para entender mejor el conflicto.
- No "cerramos" la comunicación, la "abrimos".

¿Cómo escuchamos de forma activa?:

- No cambiamos de tema cuando uno habla.
- No valoramos, ni juzgamos, ni animamos, ni aconsejamos.
- No estamos pensando en cómo rebatir lo que el otro dice mientras habla.
- Exploramos los sentimientos además de los hechos.
- Observamos el lenguaje corporal.
- Hacemos preguntas abiertas, es decir, preguntas que permiten al que habla expresarse más, explorar y profundizar más en lo que le ha pasado.
- Preguntamos acerca de sus necesidades, sus preocupaciones, sus ansiedades y sus dificultades.
- Parafraseamos los puntos principales para ayudar a quien habla a comprender el conflicto dándole la oportunidad de ver en otras palabras lo que ha expresado y de matizarlo hasta conseguir una versión que realmente se ajusta a lo que quiere decir.

Dificultades más comunes al aplicar la escucha activa:

- Necesitamos tiempo para poder realizarla.
- Hay que llevarla a la práctica en un espacio adecuado.
- No entender cómo fue el conflicto o no comprender a la persona que tenemos delante de nosotros.
- Mantener nuestro punto de vista del conflicto y no percibir las posibles razones de la persona.

¿Cómo utilizamos la escucha activa?

En sentido estricto, podemos decir que alguien practica la escucha activa cuando ante un mensaje que ha recibido de un emisor, le responde resumiendo o repitiendo lo que ha entendido y destacando el sentimiento que hay detrás de ese mensaje. En un sentido más amplio, podemos indicar que la escucha activa es el resultado de cinco acciones o técnicas, que pueden verse resumidas en la siguiente Tabla.

TÉCNICA	FINALIDAD	FORMA	EJEMPLOS
Mostrar interés	– Conseguir que la persona se sienta escuchada. – Favorecer que hable y cuente desde el Yo.	– No mostrar acuerdo ni desacuerdo. – Utilizar palabras neutrales.	• Realizar lenguaje corporal de asentimiento. • ¿Puedes contarme más sobre esto?
Clarificar	– Aclarar lo dicho. – Obtener más información. – Ayudar a ver otros puntos de vista.	– Hacer preguntas. – Pedir aclaraciones sobre algo que no se ha entendido.	• ¿Y tú que hiciste en ese momento? • ¿Desde cuándo tenéis este conflicto?
Parafrasear	– Demostrar que estamos comprendiendo lo que escuchamos. – Buscar la veracidad de lo dicho.	– Se repiten ideas y elementos importantes, demostrando que se ha entendido lo que nos cuentan.	• Entonces, para ti el problema es que… • Entonces, lo que me estás diciendo es…
Reflejar	– Mostrar que se entienden los sentimientos. – Ayudar a que la otra persona sea más consciente de lo que siente.	– Reflejar los sentimientos del que habla.	• Te molesta que continuamente te llame por ese mote. • Te duele que no te crean. • Te incomoda cuando te insisten tanto en algo que no quieres hacer.
Resumir	– Revisar y reflexionar sobre el progreso que ha habido. – Agrupar los hechos y las ideas más importantes. – Buscar intereses y no posiciones.	– Repetir hechos, ideas y sentimiento e intereses más importantes.	• Entonces, si he entendido bien, tú no debías estar allí, se te ha acusado sin motivo, te sientes muy ofendido y quieres que se sepa toda la verdad y que se aclaren los hechos.

Los mensajes "YO", mensajes en primera persona

Esta nueva habilidad es de gran utilidad en la resolución de conflictos a la vez que de difícil utilización por la falta de costumbre que tenemos de expresar nuestros sentimientos. El mensaje yo, también denominado autoafirmaciones, se emplea para contar nuestras necesidades y problemas cuando deseamos expresar nuestros sentimientos y queremos sugerir cambios. Gracias a él, deberíamos conseguir que la persona que nos escucha piense en la situación en la que se produjo el conflicto, desde nuestro punto de vista o desde nuestra percepción de este.

¿Para qué sirven los mensajes YO?

■ Definen el origen personal de:
  – Los *sentimientos*: "yo me siento mal"
  – Las *opiniones*: "opino que"
  – Los *deseos* y preferencias: "me gustaría que".

■ Es un mensaje sumamente respetuoso que expresa los sentimientos, opiniones y deseos sin evaluar o reprochar la conducta de los demás.

■ Facilita la expresión de las diferencias y del desacuerdo.

■ Baja el nivel de los conflictos. Se produce una desescalada del conflicto.

¿Cómo se emplean los mensajes YO?

Habitualmente, cuando algo nos molesta de otra persona solemos utilizar mensajes en segunda persona del tipo, "María me quita el bocadillo" y "María es una ladrona o una imbécil porque me quita el bocadillo". Algo me ha molestado a mí, y le digo a María cómo es ella.

Este tipo de mensajes suelen producir como reacción un insulto de similares características, un mensaje "TÚ", pero enviado en sentido contrario. Los mensajes en segunda persona escalan los conflictos.

El mensaje YO o en primera persona tiene estos componentes:

■ Describe brevemente la situación y/o el comportamiento que te molesta o te crea problemas. Da información sobre qué es lo que puede estar causando un problema:

> Ejemplo: *"Llegaste anoche a las 11:30 y habíamos acordado que volverías a casa a las 9:00".*

■ Describe las consecuencias o efectos que dicho comportamiento suele tener sobre ti o sobre la otra persona, el por qué me afecta. Estos deben ser concretos.

> Ejemplo: *"Cuando llegaste anoche a las 11:30 y habías prometido venir a casa a las nueve (descripción) tuvimos que esperarte hasta muy tarde para cenar y además hubo una discusión con tu padre (efectos)".*

■ Expresa los sentimientos.

> Ejemplo: *"Cuando llegaste anoche a las 11:30 y habías prometido venir a casa a las nueve tuvimos que esperarte hasta muy tarde para cenar (descripción) y además hubo una discusión con tu padre (efectos), me sentí muy mal, muy deprimida (expresa sentimientos)".*

■ Expresa necesidades, deseos.

> Ejemplo: *"Cuando llegaste anoche a las 11:30 y habías prometido venir a casa a las nueve tuvimos que esperarte hasta muy tarde para cenar (descripción) y además hubo una discusión con tu padre (efectos), me sentí muy mal, muy deprimida (expresa sentimientos). Necesito que llegues a la hora que hemos acordado antes de salir (necesidad)".*

Estructura de los mensajes "YO"

◆ *QUÉ* me afecta
◆ *POR QUÉ* me afecta
◆ *SENTIMIENTO* que me produce
◆ *QUÉ* necesito

Dificultades más comunes al aplicar esta técnica

■ Que la persona no pueda entender los sentimientos de la otra.

■ Cuando una de ellas manifiesta posturas inamovibles en el conflicto.

■ Cuando lo que pretendemos es que la otra persona cambie de manera radical su forma de ser, sus actitudes o sus comportamientos.

■ Nos puede resultar un poco artificial hablar de esta manera, desde los propios sentimientos, porque nos "desnuda", a nivel de sentimientos, delante de la otra persona y puede que no estemos dispuestos a hacer esto.

En primera persona *"MENSAJE YO"*	En segunda persona *"MENSAJE TÚ"*
Algo me causa un problema y lo cuento desde mí. Lo que me afecta y por qué, lo que siento y lo que necesito.	Algo me causa un problema y le digo a la otra persona cómo es ella. El problema es la otra persona.
Mejora la información y la comunicación. **Desescala el conflicto**	Produce una **escalada** del conflicto por continuas réplicas entre las partes.

La asertividad y sus técnicas

Al principio de este capítulo hemos hablado del estilo de comunicación asertivo en comparación con el pasivo y el agresivo, ahora vamos a definir más concretamente esta habilidad comunicativa y una serie de técnicas específicas para desarrollar un proceso de comunicación asertivo. Ser asertivo implica expresar y defender con claridad nuestro punto de vista, nuestras ideas y sentimientos, de manera respetuosa, intentando en todo momento ser entendidos y sin provocar una actitud defensiva en la otra persona.

Asertividad es exponer mi punto de vista, mis sentimientos, mis ideas, respetando al otro y sin provocar una actitud defensiva

¿Para qué sirve la técnica de la asertividad?

■ Para abrir la comunicación.

■ Para defender mi postura ante un conflicto sin imponer a la otra persona mis propios puntos de vista.

■ Para hacerme entender por la persona que tiene el conflicto conmigo.

■ Para respetar los otros puntos de vista del conflicto distintos al mío.

Principales técnicas de asertividad

Existen diferentes acciones que podemos realizar para comunicarnos de manera asertiva, sobre todo en situaciones de conflicto con otras personas Está demostrado que utilizar estas formas de comunicación provoca una notable desescalada del conflicto, rebaja los niveles de tensión y enfoca el problema hacia los hechos, evitando un intercambio constante de mensajes en primera persona. En el siguiente Cuadro podemos ver explicadas, de manera resumida, las principales técnicas de comunicación asertiva.

TÉCNICAS DE ASERTIVIDAD	
Lenguaje Positivo	Decir lo que pensamos y deseamos sin necesidad de usar un vocabulario ofensivo.
Autoafirmaciones (Mensajes YO)	Son mensajes en primera persona que hacen sentir al otro cómo vivimos una situación determinada; siguen la siguiente fórmula: «Yo siento...cuando... porque... y necesitaría.
El "disco rayado"	Repetir nuestro mensaje de forma convincente y reiterada, sin manifestar agresividad o violencia, acompañado de un lenguaje corporal relajado.
La interrogación negativa	Una pregunta que enfoca la conversación hacia la otra persona sin criticarla ni ponerse a la defensiva.
El "banco de niebla"	Para evitar entrar en un juego de provocaciones, podemos escuchar atentamente y admitir la opinión y las apreciaciones de la otra persona, aunque no las compartamos.
La aserción negativa	Es una vía que muestra que podemos asumir nuestros errores sin devaluarnos.
El aplazamiento asertivo	Buscar tiempo para dar la respuesta y aplazarla a otro momento en que uno se sienta capaz de responder con mayor control de la situación y con la mente más clara.
Preguntas asertivas	Presuponer las "buenas intenciones" de la persona que nos critica, independientemente de que sea así. A través de nuestras preguntas intentaremos obtener más información sobre las razones del enfado o crítica del otro.

A continuación, veamos algunos ejemplos sencillos de cada una de las técnicas:

El lenguaje positivo:

"No me has devuelto el dinero que te presté", en vez de, *"Eres un ladrón, devuélveme mi dinero"*.

"Has ensuciado la mesa y te has ido sin limpiarla", en vez de, *"¡Eres un cerdo no has limpiado la mesa.!"*

Las autoafirmaciones, mensajes en primera persona o mensajes YO:

"Siento que llevo el peso de la casa cuando cada noche tengo que hacer la cena, creo que deberíamos compartir la responsabilidad y me gustaría que hiciéramos turnos".

"Me sienta muy mal cuando me sé por los demás que no te gusta cómo dirijo la escuela, pienso que hablar indirectamente de los problemas no los soluciona y me gustaría que nos reuniéramos para tratar la cuestión".

El disco rayado:

"Mamá tienes que dejarme salir hasta las 11:30 todos los días. No, ya te he dicho que el acuerdo es hasta las nueve. ¡Pero mamá! Que todas salen hasta las 11:30. Te repito que hemos quedado hasta las nueve".

La interrogación negativa:

"Siempre estás estudiando, eres un empollón de mierda. Respuesta asertiva, *¿Qué mal hay en estudiar?*

Esa camiseta no es de marca, vaya mierda. Respuesta asertiva *¿Qué hay de malo en la ropa que no es de marca?"*

El banco de niebla:

"Tienes muy mala cara". Respuesta asertiva: *Sí, es posible.*

"Tú has estropeado la reunión". Respuesta asertiva: *"Tienes razón, la reunión no ha ido bien"*.

La aserción negativa

"¡No llegas puntual!". Respuesta asertiva: *"Es cierto, no llego puntual"*.

¡No has hecho el trabajo!" Respuesta asertiva: *"No, no lo he hecho"*.

Aplazamiento asertivo

Si el interlocutor insiste en el enfrentamiento, se debe combinar con la técnica del disco rayado, repitiendo que no es el momento para solucionar el problema.

"¡Estoy harto, has llegado tarde otra vez!".

"Quizás este no es el mejor momento para discutir, pues la película ya ha empezado. Es mejor que hablemos después con más calma".

Técnica de la pregunta asertiva:

"¡Estoy harto, has llegado tarde otra vez!".

"¿Qué ha sido lo que realmente te ha molestado? ¿Qué te gustaría que hiciera para que no vuelva a suceder?".

Dificultades más comunes al aplicar esta técnica

Esta habilidad no se puede utilizar cuando una persona trata de defender sus intereses sin tener ningún respeto hacia el otro, hacia las opiniones y los sentimientos de quien está enfrente de ella. En la mayoría de las ocasiones no sabemos defender nuestra postura sin menospreciar, insultar, etc., a la persona con la que hemos tenido un conflicto.

Derechos de una persona asertiva

- Derecho a tener y a cambiar de opinión.
- Derecho a tomar decisiones propias.
- Derecho a cometer errores, y por tanto a decidir, aun a costa de equivocarse.
- Derecho a ser tratado con respeto. Derecho a decir NO y a no sentirse culpable por ello.
- Derecho a hacer menos de lo que humanamente eres capaz de hacer.
- Derecho a tomarse tiempo para tranquilizarse y pensar.
- Derecho a tener y expresar los propios sentimientos.
- Derecho a pedir información.
- Derecho a sentirse bien consigo mismo.
- Derecho a poder reclamar los propios derechos.

La empatía

Un elemento de especial relevancia en la resolución de conflictos es la capacidad de las personas que lo han tenido para ponerse una en la piel de la otra y conectar a nivel emocional, a nivel de sentimientos y sensaciones vividas en el conflicto. La empatía no significa estar de acuerdo con el otro, sino llegar a entenderlo a nivel emocional y conseguir ponerse en su lugar, para ver el conflicto desde su punto de vista, desde lo que le ha llevado a actuar de esa forma. Pudiendo darse el caso que quizás habríamos actuado de la misma manera si hubiésemos sentido lo que él o ella sintieron.

Si preguntamos a los estudiantes mediadores cuál es el momento clave de una mediación para que el conflicto se pueda resolver, nos contestarían que el instante en el que cada una de las personas es capaz de entender lo que sintió la otra y ponerse en su lugar en el conflicto, ahí tenemos el problema resuelto.

Le empatía es la capacidad de compartir los sentimientos de otro, de comprender emocionalmente al otro, no solo verbalmente.

¿Para qué sirve la empatía en los conflictos?

- Para facilitar la compresión del conflicto.
- Para entender la experiencia vivida por la otra persona.
- Para encontrar vías de resolución de los problemas.
- Para acercar la posibilidad de llegar a un acuerdo.
- Para igualar los niveles de comprensión de las partes.

¿Cómo podemos utilizarla en los procesos de mediación?

Como mediadores debemos transmitir empatía principalmente cuando hacemos la escucha activa, para que esta sea entendida y aceptada por la persona que nos cuenta lo que le ha pasado. Durante el proceso de la mediación intentaremos que las personas se pongan una en el lugar de la otra a nivel de percepciones y sentimientos. Hacer esto es muy difícil, por la propia tensión del conflicto, y debe realizarse sin prisa y esperando el momento adecuado. No será antes de la tercera de las fases del proceso de la mediación, cuando intentamos analizar el conflicto con mayor profundidad.

Ponerse en la piel del otro

❖ Manejar su lenguaje   ❖ Entender su experiencia

❖ Ponerse a su nivel de comprensión

¿Qué errores más comunes podemos cometer al emplear la empatía?

Un lenguaje poco preciso o pobre, puede dificultar mucho la existencia de buena empatía entre las personas en conflicto, y con ello, no quedar claros, o no ser bien entendidos, los sentimientos que se quieren hacer ver al otro. Esto es bastante habitual entre los estudiantes de nuestros centros educativos. También es muy importante no utilizar elementos habituales del lenguaje cotidiano, que en casos de conflicto son impedimentos claros para la existencia de empatía y la resolución positiva. Veamos algunos ejemplos de expresiones que no deberíamos utilizar si queremos demostrar empatía.

- **Generalizaciones**: *"Todo el mundo sabe que...; Siempre pasa...; No puedo, nunca puedo; ¡Deberías cambiar de una vez!; Sabes perfectamente qué tienes que hacer; Todos se comportan muy mal."*

- **Selecciones**: *"Si vamos a continuar así, me voy; ¡Ella me hace enfadar!; ¡Es demasiado tarde!; ¡Debería hacer algo al respecto!; Soy incapaz; Estoy mejor".*

- **Distorsiones:** *"En esta escuela no hay buena relación; Necesitaría ayuda; ¡Ya sé qué piensas!; Nadie me soporta; En clase no me escucha, ¡no quiere estudiar!".*

En la mediación, pedir a alguien que se ponga en la perspectiva del otro es muy difícil; si además añadimos que ha habido un conflicto entre ambas personas, la dificultad para empatizar se multiplica.

Las habilidades de comunicación no verbal
El lenguaje corporal

Para finalizar este capítulo de técnicas vamos a dedicar los dos últimos apartados a este elemento fundamental en los procesos de mediación y que los mediadores deben tener muy presente. Conocer, saber leer el lenguaje corporal de las personas y controlar el nuestro tiene tanta importancia en la mediación como saber realizar bien la escucha activa o emplear un lenguaje verbal asertivo. Los expertos en comunicación plantean que el 65% de nuestro mensaje es no verbal, que el 28% está en el tono y otros aspectos paralelos (paralenguaje) y que solo el 7% se corresponde con las palabras.

A través del canal de comunicación verbal, estamos dando informaciones objetivas y frías, mientras que a través del lenguaje corporal estamos enviando a los demás nuestras actitudes y nuestros sentimientos en ese momento comunicacional. Este matiz emocional de la comunicación es muy importante en la tarea de resolución de conflictos ya que, como hemos venido diciendo, la expresión de los sentimientos de las partes en conflicto, con el fin de buscar empatía entre ellas, puede ser en muchos casos un elemento definitivo en su resolución, especialmente en el ámbito educativo y escolar.

Existe actualmente una disciplina relacionada con la comunicación y denominada "sinergología", que se encarga de intentar descifrar el significado de todos los gestos que se realizan durante un acto comunicativo, partiendo de la idea de que "el gesto revela lo que el cerebro piensa y no dice" (Turchet, 2004).

No obstante, nuestra cultura valora de manera prioritaria el lenguaje verbal sobre cualquier otro tipo de elementos comunicativos, lo que en muchos casos nos lleva a una percepción errónea de los mensajes que nos envían o enviamos. Ya vimos en un apartado anterior algunos de los errores más frecuentes en los procesos de comunicación, pero sumemos ahora un elemento más, esa capacidad de percepción individual del mundo que nos rodea. Cada uno y cada una tenemos un mapa del mundo a nuestro alrededor, nos lo hemos dibujado nosotros mismos, esto hace que en un conflicto con otra persona deberíamos pensar que la otra parte, tiene una razón tan poderosa como la nuestra para decir lo que dice, aunque esté equivocada, ya que lo que dice es lógico para ella desde su propio mapa.

Desde este punto de vista la perfecta comunicación debe intentar entender esas peculiaridades perceptivas de la otra persona, es decir, entender sus sentimientos y ver más allá de sus posiciones o intereses en la disputa. Con este fin se estudia y analiza todo lo relacionado con el lenguaje corporal, que revela muchas de las cosas que las palabras no dicen, y que nos puede ayudar a entender mejor al otro y generar climas de comunicación adecuados para la resolución positiva de conflictos entre las personas que forman parte de un centro escolar.

¿Para qué sirve el lenguaje corporal?

La comunicación no verbal puede añadir al proceso comunicativo matices como los siguientes:

- Repetir lo que se está diciendo.
- Contradecir el mensaje verbal.
- Sustituir a las palabras.
- Complementar el mensaje verbal.

- Acentuar el mensaje verbal.
- Regular la interacción. Protocolos.
- Igualar los niveles de comprensión de las partes.

¿Qué debemos saber para utilizar adecuadamente el lenguaje no verbal?

Lo primero es comenzar a dar más importancia a los gestos de las personas con las que nos comunicamos, atendiendo de manera específica en ellos, analizándolos y buscándoles el significado. Los gestos tienen significado en el momento que se producen y es importante que nos fijemos en algunas cosas prácticas.

- **La mirada:** tiene funciones de sincronizar, acompañar o comentar el lenguaje verbal, las palabras que se están diciendo. Existen pautas adecuadas en cuanto al tiempo de duración de la mirada. Así, si la mirada es excesivamente prolongada puede resultar intimidadora, y si es demasiado breve, puede decir que la persona que habla es poco persuasiva y segura de sí misma.

- **La sonrisa:** podemos hablar de la sonrisa auténtica, la sonrisa amortiguada, la sonrisa triste, la sonrisa conquistadora, la sonrisa de turbación, la sonrisa mitigadora, la sonrisa de acatamiento, la sonrisa de interlocutor, la sonrisa de coordinador, la sonrisa falsa.

- **Los gestos:** se localizan principalmente en las manos y, en menor grado, en la cabeza y en los pies:
  - *Emblemas*: son actos no verbales que tienen una traducción verbal específica conocida por la mayoría de los miembros de un grupo de comunicación (asentir con la cabeza equivale a decir "sí").
  - *Ilustradores*: son los que acompañan a la comunicación verbal, de manera que están directamente relacionados con el contenido del mensaje, reforzando lo que verbalmente se está expresando (acompañar un "no sé" con un encogimiento de hombros).
  - *Muestras de afecto*: se trata generalmente de gestos del rostro, que expresan estados afectivos (una postura lánguida).
  - *Reguladores*: su función es controlar y regular la interacción en que se produce la comunicación verbal (saludos, despedidas).
  - *Adaptadores*: son movimientos del propio cuerpo cuya finalidad es controlar o dominar emociones propias, satisfacer necesidades, cumplir acciones o desarrollar contactos sociales (frotar las

© narcea, s.a. de ediciones

manos, tocarse el pelo, rascarse). En muchos casos se realizan de forma inconsciente.

- **La expresión facial:** refleja las expresiones emocionales a través de los movimientos de la boca, los ojos, las cejas y demás elementos neuromusculares del rostro (alegría, risa, miedo, nerviosismo, etc.).

- **La postura y la orientación corporal:** transmiten determinadas actitudes y sentimientos, además de comunicar estados psicofisiológicos (ansiedad, cansancio, etc.). Las orientaciones corporales básicas son: de cara, de lado, en ángulo, sentado y de pie.

POSTURA	Significado
Mantener una postura parecida a la del interlocutor	Acuerdo entre ambos
Desplegar brazos y piernas (barrera física)	Distanciamiento psicológico
Realizar una ligera inclinación del cuerpo hacia delante	Atención al interlocutor
Mantener un ligero retroceso hacia atrás	Rechazo hacia el interlocutor
Ponerse de lado respecto al interlocutor	Actitud negativa
Elevar los hombros y expandir el tórax	Dominio, orgullo
Inclinarse hacia delante en actitud cabizbaja	Depresión, abatimiento
Posición asimétrica de las piernas	Cierta relajación muscular
Mantener tensa la musculatura de una zona del cuerpo	Ansiedad (emociones negativas)

- **El contacto físico:** dar un beso, abrazar, estrechar la mano, etc., son ejemplos de contactos físicos que tienen lugar en las situaciones de interacción social. El tipo de relación, la edad, las costumbres sociales y culturales, etc., condicionan, en gran medida, el contacto físico en la comunicación con otras personas.

TIPO DE CONTACTO	Significado
Realizar un apretón de manos	Saludo, despedida, acuerdo
Realizar un apretón de manos con una fuerza excesiva	Rudeza, agresividad, no sinceridad
Realizar un apretón de manos extendiendo las dos manos hacia el receptor	Sinceridad, confianza hacia el receptor, bienvenida
Dar un beso en las mejillas.	Saludo, despedida
Abrazar	Expresar cariño, amistad
Coger del brazo o del codo	Acompañar, retener
Dar un toque en el brazo o en el hombro	Llamar la atención

■ **La distancia/proximidad**: cada persona necesita de un espacio en el cual desenvolverse sin ser "invadido" por los demás. A veces denominado "burbuja personal", este espacio varía de unas personas a otras y de unas situaciones a otras. Podemos hablar de una distancia íntima (contacto físico), una distancia interpersonal (60 cm.), una distancia social (2 m.) y una distancia pública (4 m.).

■ **La apariencia personal**: con nuestra apariencia personal damos una imagen a los demás sobre nuestra persona. Es un indicador de cómo nos vemos a nosotros mismos y, a la vez, una poderosa influencia sobre la conducta del interlocutor. Las impresiones que comunicamos a los demás a través de nuestro aspecto o apariencia (el rostro, el cabello, las manos, la ropa y el cuerpo en su totalidad), tienen que ver con el atractivo físico, con el estatus que poseemos, con la personalidad, la clase social a la que se pertenece, con el estilo y gusto estético, con la sexualidad, la edad, e incluso con nuestra inteligencia. Todo ello ampliado o disminuido en base a los prejuicios que el interlocutor posee por razones culturales, educativas, familiares, etc.

■ **El paralenguaje**: se refiere a cómo se dice algo y no a qué se dice. Se trata de señales de la voz, diferentes de las verbales: registro de la voz, el control de la altura, el control del ritmo, el tempo, el control de la articulación, la resonancia, el control de la glotis, las vocalizaciones.

Como ejemplo, podemos decir que los tonos graves son tranquilizadores, mientras que los agudos tratan de intrigar o llamar la atención. Se habla despacio cuando las palabras son importantes, se acelera cuando suponemos que lo que decimos ya es conocido por el interlocutor.

En definitiva, "estar convencidos de que lo dijimos con claridad no asegurará el resultado que pretendemos, por lo que tal vez tengamos que encontrar un modo diferente de hacer llegar nuestro mensaje" (Urpí, 2004).

El lenguaje corporal de los mediadores en el proceso mediador

Una vez que hemos visto la parte más técnica del lenguaje no verbal quiero acercarme ahora a su práctica en los procesos de mediación. En la formación de mediadores escolares siempre dedicamos un tiempo amplio a trabajar y analizar el lenguaje corporal y sus técnicas, tanto de los mediadores, como de las personas en conflicto. Estos aspectos son de suma importancia en la creación del clima de diálogo, en la transmisión de seguridad, de seriedad, de confianza, de expectativas, etc.

Esta parte de la formación de mediadores es quizás la menos desarrollada en comparación con otras como la escucha activa o las técnicas de asertividad que ya hemos visto. Sin embargo, creo que los mediadores que son capaces de modular conscientemente su lenguaje no verbal y adaptarlo a las necesidades que leen en el lenguaje no verbal de las personas en conflicto, tienen una ventaja y un gran camino recorrido hacia el éxito del proceso de mediación.

Vamos a trabajar, desde la experiencia práctica, sobre cuatro elementos que todo mediador o mediadora debe controlar durante los procesos de mediación: el tono de voz, la postura, la mirada y los movimientos corporales.

El tono de voz

■ *Debe dar seriedad al proceso, pero sin llegar a convertirlo en juicio,* por eso es muy importante que seamos capaces de modular bien nuestro discurso sin que aparezcan matices que puedan llevar a pensar a alguna de las personas en conflicto que estamos juzgándola, o que tenemos algún prejuicio contra ella, o bien que no aprobamos su conducta o su opinión. Otro de los errores más comunes es emplear tonos de voz condescendientes, de consejo o que denotan una escala de valores personal hacia lo que está bien o está mal. Nosotros no juzgamos, no decimos lo que está bien o mal, no aconsejamos, escuchamos y creamos climas de diálogo.

- *Tiene que tranquilizar a las partes,* demostrando control de la situación y seguridad basada en la experiencia. Los mediadores deben transmitir que conocen el procedimiento y saben cómo realizarlo. Las excesivas dudas o vacilaciones pueden hacer que alguna de las personas en conflicto intente dirigir y centralizar el proceso mediador. Esto bloquearía la mediación y tendríamos que pararla para volver sobre ella cuando sepamos contralar bien el proceso. Por eso es importante que en sistemas de comediación (dos mediadores) al menos uno de ellos tenga experiencia en otras mediaciones.

- *Evitar los tonos agresivos o intimidadores,* y para ello debemos tener claro cuál es nuestro papel como mediadores no intentando en ningún momento imponer nuestro criterio, nuestras creencias o nuestras soluciones. Evitando pensar en prejuicios o en informaciones que podamos tener sobre la persona que nos cuenta.

- *Dar importancia a lo que nos están contando,* debemos partir de la premisa de que "todo lo que nos dicen es lo más importante e interesante que hemos escuchado en nuestra vida". El tono de nuestras preguntas debe transmitir interés por saber más y por ayudar a solucionar el conflicto. Si como mediador o mediadora estoy pensando en otras cosas que no sea lo que me están contando, eso se transmitirá a mi tono de voz y a todo mi paralenguaje.

La postura del mediador o mediadora

- *Será abierta y en actitud de escucha,* algunos detalles como no cruzar los brazos o una posición del cuerpo dirigida hacia el interlocutor (no en diagonal ni de lado), son detalles a tener en cuenta a la hora de colocarnos para la mediación. Si cruzamos las piernas será en la dirección de la persona y no al contrario, ya que eso denota cierre o falta de interés.

- *Relajada y normal,* sin tumbarse hacia atrás en la silla o agacharse en exceso. Debe transmitir seguridad e interés a partes iguales.

- *Las manos* deben estar visibles ya que todo lo que se esconde denota falta de seguridad. Cuando preguntamos y esperamos para hacer la escucha activa nuestras manos deben estar visibles y con las palmas hacia arriba, sin apuntar, pero abriéndose a que nos cuenten.

- *Respetar el espacio vital del interlocutor,* manteniendo una distancia natural de diálogo sin aproximarse en exceso. Esto es clave es cualquier tipo de relación de diálogo con otra persona y mucho más si te está contando un conflicto o un problema.

La mirada

- *Directa hacia la persona que habla y cuenta su problema.* Es uno de los elementos fundamentales de una buena escucha activa. ¡Pero cuidado! no debe ser una mirada tan directa y fija que pueda ser intimidatoria. Pensemos que la persona que tiene el conflicto está en una situación de vulnerabilidad y su sensibilidad está a flor de piel. Evitar mirar hacia abajo, hacia su cuerpo, hacia otro lado, hacia objetos de la sala etc., ya que esto denotaría falta de interés.

- *Demostrará siempre atención e interés.* La mirada directa a los ojos puede generar el problema del punto anterior, la intimidación. Por eso se utiliza una técnica que consiste en una mirada a los labios y alternativamente a los ojos, o bien en círculo sobre su rostro haciendo una especia de triángulo con la mirada (boca-ojo-ojo-boca). De esta manera se evita esa sensación de la que hablamos. Solo apartamos la mirada para la toma de notas que deberá ser lo más breve posible.

Movimientos corporales

- *Movimientos de la cabeza:* deberá seguir el movimiento del interlocutor para demostrar empatía y comprensión (técnica del limpiaparabrisas). También otra de las técnicas para tener en cuenta es la ligera inclinación del rostro hacia la izquierda o hacia la derecha. Hacia la izquierda demuestra dulzura mientras que hacia la derecha indica rigidez.

- *Agachar la cabeza y rascarse la sien,* o bien poner la mano delante de los ojos, tiende a demostrar falta de interés.

- *La manos y la escucha activa.* La posición de la mano en la cara cuando escuchamos tiene muchas connotaciones. Así el puño medio cerrado o completamente cerrado y a nivel de la cara demuestra estrés, nerviosismo o falta de interés (denota búsqueda de distancia). La mano debe estar abierta y a nivel de la barbilla al acercarla al rostro para demostrar interés en la escucha. Al dirigirnos al interlocutor con las manos lo haremos siempre con las palmas hacia arriba, como ya hemos dicho anteriormente, y en dirección a la persona. Esto demuestra aprecio y calidad en la relación.

- *Mantener visibles la boca o los ojos.* Taparlos con las manos suele demostrar falta de acuerdo o irritación y desagrado.

- *Rascarnos en exceso o lo que se denomina "micropicores"* demuestra intranquilidad y desagrado. Esto sería un factor que impediría la escucha activa, la empatía y la confianza.

■ *Mantener la atención sin jugar con objetos* como bolígrafos, papeles o cualquier otra cosa. El propio proceso crea una cierta intranquilidad en los mediadores, sobre todo en los que tienen poca experiencia. "Jugar" con el bolígrafo u otro objeto ayuda a liberar la tensión del momento, pero la información que transmite es tensión, falta de seguridad y a veces de interés.

■ *Evitar señalar con el dedo* a las personas que nos cuentan su problema ya que esto denota juicio y acusación y como ya hemos comentado, nosotros no somos jueces somos mediadores, no vamos a definir quién dice la verdad ni si está bien o mal, ni lo que deben hacer, solo ayudamos al diálogo y a la búsqueda de soluciones propuestas y acordadas por las partes.

© narcea, s.a. de ediciones

El modelo
de Mediación
Escolar

Completada la parte más teórica relacionada con la conceptualización de la mediación, sus modelos y características generales, así como la parte más técnica relativa a las habilidades y técnicas que deben conocer, controlar y poner en práctica los mediadores, vamos a finalizar esta primera parte del libro centrándonos en definir un modelo de mediación enfocado al ámbito escolar, que sea posible implementar en las escuelas de cualquier nivel educativo.

Este modelo surge desde la práctica educativa real en un Instituto de Educación Secundaria.[1] Actualmente el proyecto continúa activo y se ha extendido a otras regiones españolas y también a varios países de Hispanoamérica gracias a su divulgación permanente en el espacio web www.mediacionescolar.org que ha formado a cientos de profesionales de campos diversos, que utilizan la mediación como técnica de resolución de conflictos.

Definición y características de la mediación escolar

La mediación en conflictos se constituye como un proceso ordenado que se inicia por la pérdida de la capacidad negociadora de las personas

---

[1] El Instituto de Educación Secundaria, Bachillerato y Formación Profesional "Ramiro II" de la localidad de La Robla, en la provincia de León, en España. El modelo ha sido ampliamente testado y validado desde el año 2003 que inició su funcionamiento. También es un modelo que se extendió a toda la región de Castilla y León a través de la publicación del "Proyecto Armonía", editado por la Consejería de Educación de esta región española en el año 2007 y enviado a todos los centros educativos del nivel de Secundaria.

en conflicto. Las partes están "encerradas" en sus posiciones y gracias a la ayuda de un tercero, que no se implica en la solución, se genera un nuevo espacio de comunicación, y a la vez de aprendizaje, para ambas. Esta característica de aprendizaje, y por lo tanto de transformación de la persona, es uno de los argumentos más importantes para incorporar la mediación al espacio educativo.

Los procesos de mediación como sistemas de resolución de conflictos pueden verse como la consecuencia lógica de una realidad compleja en la que las relaciones de convivencia, a nivel social, familiar, laboral o escolar, han sufrido variaciones muy profundas y rápidas en las últimas décadas. Las formas clásicas de regulación de la convivencia no parecen ser suficientes ante la diversidad de visiones en una situación de conflicto.

Parece lógico, por lo tanto, que desde el ámbito educativo los profesionales de la educación intentemos dotar a nuestros estudiantes de formas de gestión de conflictos del siglo XXI. Estas formas de gestión han de ser adaptadas a las nuevas dinámicas de convivencia actuales que exigen, no solo obtener los objetivos deseados, sino también mantener las relaciones interpersonales como base de una convivencia pacífica, no violenta y respetuosa con los demás.

En el ámbito educativo la convivencia en la escuela puede considerarse como un reflejo de la convivencia en nuestra sociedad. La complejidad de las relaciones interpersonales actuales genera conflictos de cuya gestión y resolución, dependerá la existencia de adecuados climas de convivencia en los centros educativos.

La utilización de la Mediación Escolar como sistema de resolución de conflictos es la consecuencia lógica ante la nueva realidad, cambiante y plural, de las escuelas.

La Mediación Escolar no solo es una estrategia de resolución de conflictos, sino que conlleva una serie de valores y procedimientos que educan en la Cultura de la Paz y consolida formas de actuación y gestión de los conflictos profundamente participativas y democráticas. Estos elementos de carácter actitudinal le confieren unas peculiaridades muy interesantes para ser una excelente "locomotora" que haga moverse todo un tren de iniciativas para la mejora de la convivencia en un centro educativo, es decir, puede dar la fuerza y el poder de consolidación necesarios a todo un proyecto de convivencia escolar.

Existen muchas **definiciones de mediación** y algunas de Mediación Escolar, veamos algunas y analicemos al leerlas las características que nos van aportando sobre el propio proceso mediador.

Lederach, John Paul (1996)	Consiste en la intervención de un tercero, un individuo, un equipo, etc., que facilita el logro de acuerdos en torno a un conflicto.
Uranga, Mireia (1998)	La mediación es una extensión de la negociación. El mediador o el equipo mediador representa a una tercera parte neutral que facilita el proceso de negociación. Es una técnica más productiva en general que la negociación no mediada, aunque deja a las partes la responsabilidad de definir el conflicto y de acordar una solución.
Rozemblum, Sara (1998)	La mediación es una negociación llevada a cabo con la ayuda de una tercera parte llamada mediador, que no es un árbitro ni un juez, pues no tiene el poder de imponer un resultado a las partes en conflicto.
Schvarstein, Leonardo (1999)	La metodología de la mediación se fundamenta en reconocer que las partes son quienes más saben acerca de las causas de su disputa y de sus posibles resoluciones. Sobre esta base, la técnica de la mediación es ampliamente participativa, y el rol del mediador consiste básicamente en asistir a las partes en el proceso de construcción de una solución mutuamente satisfactoria.
Torrego, Juan Carlos (2000)	Es un método de resolución de conflictos en el que las dos partes enfrentadas recurren voluntariamente a una tercera persona imparcial, el mediador, para llegar a un acuerdo satisfactorio.
Jares, Xesús (2001)	Consiste en la intervención de una tercera parte, ajena e imparcial al conflicto, aceptada por los disputantes y sin poder de decisión sobre los mismos, con el objetivo de facilitar que estos lleguen por sí mismos a un acuerdo por medio del diálogo y la negociación.
Boqué, Mª Carme (2002)	En el momento en que dos personas o grupos que experimentan una situación conflictiva deciden sentarse a hablar de ella en presencia de otra persona, que no emitirá ningún juicio ni decidirá por ellos, se crea un escenario único e irrepetible de descubrimiento y creación conjunta de valores y significados que antes no existían o eran desconocidos.

⟶

	La mediación es arte y ciencia al mismo tiempo, en tanto que integra componentes creativos y herramientas para hacerlos aflorar, siempre dentro de un cultivo eminentemente ético en donde son abolidas las jerarquías, y la comunicación pasa a ser horizontal.
Ortega, Rosario (2003)	Es la intervención, profesional o profesionalizada, de un tercero experto en el conflicto que mantienen dos partes que no logran, por sí solas, ponerse de acuerdo en los aspectos mínimos necesarios para restaurar una comunicación, un diálogo que, por otro lado, es necesario para ambos.
Munné, María (2006)	El proceso de la mediación escolar se caracteriza por ser un proceso educativo, voluntario, confidencial, colaborativo y con poder decisorio para las partes.
Equipo de Convivencia del IES Ramiro II, La Robla (2007)	La Mediación Escolar es una estrategia de resolución pacífica, en la que se ofrece a personas con un conflicto sentarse juntas, voluntariamente, con una tercera parte neutral, algún miembro del equipo mediador, hablar de su problema e intentar llegar a un acuerdo de una forma positiva y colaborativa.
Uruñuela, Pedro Mª (2022)	Se entiende por programa de mediación un proceso formal consistente en la gestión pacífica de los conflictos donde un participante externo y multiparcial acompaña a los participantes y protagonistas del conflicto para que construyan un acuerdo voluntariamente.

La mediación en general y la Mediación Escolar en particular, se sustenta en características que la dotan de especificidad dentro de las estrategias de resolución pacífica de conflictos. Las hemos comentado en un capítulo anterior al principio de este libro, pero es necesario repetirlas en este momento ya que es importante incidir sobre ellas para fijarlas como saberes básicos en el conocimiento de la mediación.

■ *Confidencialidad:* Si no se respeta el sistema dejará de funcionar, sobre todo en un centro educativo.

■ *Neutralidad:* Ser neutral se basa tanto en nuestras acciones y las cosas que decimos como mediadores en el proceso, como también en las percepciones que las partes tienen de nuestra neutralidad. Es de suma importancia el control de nuestro lenguaje corporal y paralenguaje para demostrar esta neutralidad.

© narcea, s.a. de ediciones

- *Colaboración:* Aceptar el proceso ya es colaborar, a partir de ahí debemos trabajar y ampliar esa colaboración entre las partes. La aceptación también es una manera de colaborar en la mejora de la convivencia en el centro escolar ya que trasmite al resto de la Comunidad Educativa, que estas personas con un conflicto están dispuestas a solucionarlo con el diálogo y utilizando el sistema de mediación.

- *Voluntariedad:* Una persona que acude obligada a un proceso de mediación es muy difícil que pueda ser parte de la solución. Por ejemplo, obligar a los estudiantes que vayan a mediación, porque si no tendrán una sanción, destruiría el sistema.

- *Visión de futuro:* La resolución del conflicto es importante, pero conseguir sentar las bases para una solución a largo plazo que evite la nueva aparición del ese conflicto, mejore a las personas y a la propia institución educativa, es el ideal en los procesos de mediación en las escuelas.

Una vez que vamos centrándonos en los procesos de Mediación Escolar, en sus peculiaridades y características, sin haber llegado a las fases de dicho proceso o al modelo que propondremos en este libro, veamos ahora **posibles formas de mediación** que pueden utilizarse cotidianamente en un centro educativo.

- **Mediación espontánea**: Una persona ve un conflicto e inmediatamente se ofrece para mediar entre las personas que lo han tenido.

- **Mediación externa**: Cuando existe un conflicto en el centro y no hay personas que puedan solucionarlo se recurre a alguna persona experta de fuera del centro, para intentar solucionarlo.

- **Mediación institucionalizada**: Las personas que han tenido un conflicto recurren voluntariamente al servicio de mediación que tiene el centro educativo. Eligen a los mediadores o mediadoras, e intentan buscar un acuerdo para solucionar el problema. Esta mediación requiere la existencia de personas formadas en mediación.

- **Mediación realizada por adultos**: Las personas adultas que forman parte de la comunidad educativa (padres, madres, profesorado y personal no docente) se forman en Mediación Escolar y se responsabilizan de intentar una solución pacífica de conflictos que se generan en el espacio escolar.

- **Comediación**: Existiendo un sistema de mediación institucionalizada son dos mediadores los que realizan el proceso mediador.

■ **Mediación realizada por iguales**: Una parte del alumnado del centro se ha formado para resolver conflictos a través de la mediación. Cuando surge un problema entre dos estudiantes, los mediadores se ofrecen para intentar resolver el conflicto de forma dialogada.

Cualquiera de estas formas de realizar mediación en el ámbito escolar podría ser válida dependiendo de las características contextuales de cada centro. No obstante, desde la perspectiva de trabajo de la convivencia, son mucho más efectivas aquellas que puedan involucrar a la mayor parte o a todos los miembros de la comunidad escolar. Podría ser necesario iniciar la implementación de la mediación a partir de alguna de las formas que implican a un menor número de personas, pero siempre es mejor tener la idea de buscar la participación todos y a todas, ya que en caso contrario los beneficios para la mejora de la convivencia escolar se reducen mucho.

Para incorporar en un centro escolar cualquiera de estas formas de mediación, existe un factor fundamental para el éxito del proceso: *la formación o capacitación específica*. Puede parecer innecesario en el caso de mediación por adultos o en mediaciones espontáneas que el profesorado y los padres y madres hacen todos los días, pero la experiencia nos dice que incluso para la espontaneidad mediadora, es necesaria la formación en habilidades propias de los procesos de mediación en conflictos. La capacitación también es necesaria y fundamental para que esta estrategia aporte los beneficios educativos y de transformación de las personas, de las relaciones y del propio centro, que lleva asociadas.

En este sentido, si además esta formación la realizamos en el mismo momento con todos los sectores de la comunidad educativa habremos dado un paso de "gigante" en la mejora del clima escolar, ya que desde un primer momento hacemos partícipes a todos y a todas en la gestión esa convivencia, y en la apuesta por un sistema de resolución no violenta de los conflictos, en base al diálogo y la colaboración. Como se aprecia en el Proyecto Armonía (2007):

> *La Mediación Escolar no sólo es una técnica de resolución de conflictos, sino que conlleva una serie de valores y procedimientos que educan en la Cultura de la Paz y consolida formas de actuación y gestión de los conflictos profundamente participativas y democráticas.*

Por otro lado, siguiendo a Mireia Uranga (1998) –una de las pioneras en este campo en España, desde el centro de Gernika Gogoratuz– la introducción de un programa de Mediación Escolar en un centro educativo de cara a la mejora de la convivencia se manifiesta en una serie de consecuencias y hechos de carácter objetivo:

- Facilita un ambiente más distendido en el centro educativo.
- Favorece la preocupación por los demás.
- Busca estrategias para solucionar los problemas de forma no violenta.
- Mejora de las habilidades sociales.
- Favorece la comunicación entre los miembros de la comunidad educativa.
- Los conflictos tienden a disminuir.
- Se buscan otras alternativas a las sanciones reglamentarias.
- Ayuda a que haya una mayor implicación de la comunidad educativa en el centro escolar.
- Favorece que haya una mayor responsabilidad en el alumnado (se implican en el funcionamiento del centro).
- Disminuye el número de expedientes disciplinarios.

También Carme Boqué (2005) nos plantea una serie de ámbitos en los que actúa la Mediación Escolar en los centros educativos. Estos son: formación para la convivencia; prevención de la violencia; intervención frente al conflicto; y reparación y reconciliación.

Fases de la mediación escolar. El guion de la mediación escolar

Como hemos visto en el capítulo segundo las metodologías de mediación son diversas pero complementarias según los expertos. El modelo de mediación que planteamos en este libro sería muy cercano al transformativo, pero con características del circular y también del lineal de Harvard. Se trata de un modelo que busca la mejora de las personas al pasar por un proceso que consideramos educativo, la mejora de los procesos comunicativos rotos por el conflicto; y también tiene una estructura de fases sencilla que hay que seguir y que hay que conocer y entrenar.

© narcea, s.a. de ediciones

Esta combinación de varias metodologías es la más adecuada para su incorporación al ámbito educativo y sobre todo para que se convierta en una estrategia de mejora de la convivencia escolar. El modelo está basado en el plateado por Léderach y adaptado y modificado por Torrego en 2002, y tiene las siguientes fases.

Premediación

En esta fase se realiza una reunión por separado, caucus, con cada persona en conflicto, en busca de una descarga emocional previa a la mediación conjunta. Se trata de la primera toma de contacto y conocimiento de los mediadores, y de cada parte. Se explica el mecanismo de la mediación y se hace un relato del conflicto y sus consecuencias.

La Mediación

1. *Entrada*: Se realizan las presentaciones y se explican las condiciones y normas para poder realizar la mediación.

2. *Cuéntame*: cada una de las partes en conflicto relata lo que ha sucedido mientras la otra la escucha.

3. *Situar el conflicto:* Se realiza un análisis del conflicto, parafraseando y resumiendo, resaltando los aspectos en común que han expuesto las partes. Se pueden pedir aclaraciones. Se busca que las partes empaticen.

4. *Buscar soluciones:* Se intenta realizar un nuevo enfoque para avanzar hacia la solución. Los mediadores solicitan a las personas que realicen un torbellino de ideas sobre posibles soluciones al conflicto. Se analiza la viabilidad de las propuestas.

5. *El acuerdo:* Se elige una solución posible, se analiza, y se redacta un acuerdo para su firma.

En el siguiente cuadro podemos ver, de manera más concreta, algunas de las habilidades y estrategias comunicativas que son necesarias para la mediación, tanto por parte de las personas que tienen el conflicto, como por parte de los mediadores.

Posteriormente, en el Anexo que aparece al final del libro, figuran los Modelos de Documentos para solicitar la mediación, realizar la premediación, y el guion completo para realizar el proceso de la Mediación Escolar.

HABILIDADES Y ESTRATEGIAS COMUNICATIVAS PARA LA MEDIACIÓN		
FASE	**PERSONAS EN CONFLICTO**	**MEDIADORES/AS**

Premediación	• Relatar el conflicto individualmente.
	• Posiciones de cada persona y su percepción de la situación.
	• Realizar una descarga emocional.
		• Situar el conflicto:
		  – ¿dónde
		  – ¿cómo?
		  – ¿cuándo?
		• Buscar relaciones, sentimientos, intención de resolver.
		• Averiguar las demandas para la reparación y las posibles soluciones.

MEDIACIÓN		
Entrada	• Presentarse y aceptar las normas.	• Explicar el proceso y las normas. • Crear clima de diálogo y de confianza. • Dar expectativas.
Cuéntame	• Relatar el conflicto y ser escuchado por el otro. • Mantener turnos de palabra. • Expresarse en mensajes Yo: sentimientos y percepciones personales.	• Realizar escucha activa. • Mantener las normas de forma asertiva. • Empatizar sin tomar partido. • Controlar el lenguaje corporal.
Situar el conflicto	• Separar persona y problema: percibir la estructura del conflicto. • Utilizar mensajes "Yo". • Empatizar. • Ponerse al nivel del otro: horizontalidad comunicativa.	• Clarificar: preguntas abiertas y cerradas. • Parafrasear. • Reflejar sentimientos. • Resumir: Estructurar el conflicto y definirlo. Historia. • Pasar del yo/tú al "nosotros".

→

Buscar soluciones	• Expresar las demandas, los intereses y las necesidades para una reparación. • Generar opciones.	• Resaltar intereses comunes. • Tener paciencia, creatividad: replantear asuntos sobre los intereses. • Realizar una lluvia de ideas; Técnica "seis sombreros" (De Bono).
ACUERDO		
El acuerdo	• Decidir las soluciones y los acuerdos de compromiso. • Firmar el acuerdo.	• Analizar la probabilidad de realización. • Redactar en el lenguaje de quién lo ejecutará: entendible y estructurado. • Mantener la imparcialidad en el acuerdo. • Realizar un seguimiento del acuerdo.

Funcionamiento del sistema de mediación en un centro educativo y capacitación de mediadores

La experiencia personal, la recopilación de buenas prácticas en centros escolares y la consulta de múltiples publicaciones en este campo, nos lleva a pensar que, aun existiendo modelos claros de mediación y tipologías concretas de mediación (Lineal o Harvard, Circular–Narrativa y Transformativa), cada centro educativo deberá elegir aquella forma que mejor pueda adaptarse a sus peculiaridades y a su situación contextual. Incluso en los propios procesos de mediación, la flexibilidad y la complementariedad de metodología pueden ser necesarias, como afirma Eduard Vinyamata (2003).

"Los diversos métodos no pueden considerarse incompatibles, sino que más bien acaban resultando complementarios. El interés del medidor por prestar una ayuda eficaz, le conducirá a conciliar métodos, flexibilizando el proceso mediador y alejándolo de posturas que intenten demostrar la superioridad de una metodología u otra. Cada caso, cada situación, nos llevará a la utilización de un método u otro, con el fin último de ayudar a quien lo ha solicitado".

No obstante creo que a nivel escolar las metodologías basadas en el modelo transformativo (Léderach, Folger, Busch), como ya he comentado, son mucho más eficaces en el desarrollo de proyectos de centro enmarcados en el ámbito de la mejora de la convivencia escolar y la resolución pacífica de conflictos, pudiendo ayudar de manera importante a generar una cultura de la paz y desarrollar unas competencias sociales, en todos los sectores de la Comunidad Educativa, que nos permitan relacionarnos mejor.

Veamos ahora todo el proceso que lleva a la gestión de un conflicto utilizando un sistema de mediación escolar, basado en la existencia de un "Equipo de Mediación" con mediadores preparados, capacitados y formados para esta finalidad.

El conflicto

Cuando en el centro se produce un conflicto entre personas que forman parte de la Comunidad Educativa del centro, cualquiera puede solicitar el servicio de mediación. Para ello tendrá que rellenar una solicitud escrita en la que se realizará una primera explicación del caso. Normalmente este primer paso es dado por una de las personas que han tenido el conflicto, aconsejadas por la Jefatura de Estudios, la Dirección, los tutores, los delegados de curso, etc.

Este primer informe llega al coordinador del Equipo de Mediación, un profesor o profesora, que envía a dos mediadores, o va él mismo, para hablar con la otra parte y ver si acepta la mediación. Esta primera toma de contacto se hace lo más rápidamente posible con el fin de parar la escalada del conflicto y ofrecer a las partes unas expectativas de solución. Cada persona en conflicto selecciona a dos mediadores de los que forman el Equipo de Mediación. Existe un cartel en cada aula o clase y en los pasillos, donde se sabe quienes son estas personas. Al igual que la persona que lo solicita, la otra parte también rellena el informe del conflicto contando su versión y eligiendo dos mediadores.

La premediación

El coordinador del Equipo de Mediación asigna el caso a dos de los mediadores elegidos, al menos uno de cada parte. Para ello tendrá en cuenta la tipología del caso, la experiencia previa de los mediadores, nivel educativo, edad de las personas en conflicto, posibles incompatibilidades con el caso o con las personas, horarios de clase, exámenes, etc. La selección de dos mediadores por cada parte nos da la posibilidad de agilizar el proceso y no tener que volver a preguntar a las partes, si alguno de esos factores impide que un mediador pueda o quiera realizar esa mediación.

Desde este momento, los mediadores se hacen responsables del caso, estudiando las primeras versiones escritas del conflicto y poniéndose de acuerdo con las personas implicadas sobre el día en que realizará la primera reunión por separado con cada parte, premediación, que será durante parte del tiempo del recreo o patio diario. Esta fase deberá constituir una descarga de emociones, sentimientos y posiciones de la persona que acude a los mediadores, que intentarán en todo momento realizar una escucha activa muy evidente, de manera que la persona en el conflicto se sienta escuchada en todas sus demandas. No existen reglas ni normas que limiten las expresiones en este momento, pero también se irá explicando que en la sesión conjunta deberemos seguir unas normas para poder llegar a una solución dialogada.

Aprovecharemos esta primera sesión con cada persona para indagar más en el conflicto y buscar su estructura, los hechos, los sentimientos de las personas y las demandas y necesidades para la satisfacción y la posible solución. Sin emitir juicios, sin hacer valoraciones, sin tomar partido, sin prejuzgar, sin aconsejar, pero reconfortando, ayudando a la clarificación y dando confianza a las personas.

La mediación

Una vez que se han realizado las premediaciones con ambas partes, los mediadores y el coordinador del equipo, analizan lo relatado y las posibilidades del proceso mediador. También concretan las posibles fechas y horas en las que poder realizar la mediación conjunta con las dos partes. Es importante causar el menor trastorno posible en la dinámica del centro y en la marcha de las clases. Cuando en el conflicto esté implicado un profesor, un padre o alguien del personal no docente, siempre podremos buscar más fácilmente un hueco en el horario lectivo, donde hacer la mediación. Pero en el caso del alumnado, será imprescindible sacar a los estudiantes del aula en una hora lectiva y esto deberemos tenerlo en cuenta para coordinar bien el proceso. No siempre utilizar las horas del mismo profesor o materia, no siempre las tutorías, etc. Es en este nivel donde la labor del coordinador es de una importancia vital para el buen funcionamiento y aceptación del sistema.

Cuando ya tenemos definido el momento, tendremos que definir el espacio. Lo ideal sería contar con uno específicamente dedicado al Equipo de Mediación o "Aula de Mediación" (como existe en el IES "Ramiro II" de La Robla). No obstante, al principio esto puede ser complicado en un centro educativo en el que comienza a funcionar un sistema como este, pero deberemos intentar que desde el inicio el proyecto tenga un espacio, que todos y todas lo identifiquen.

Definidos el *espacio* y el *momento*, las partes en conflicto se reúnen con los dos mediadores y comienzan el proceso de la mediación, siguiendo las fases que hemos visto anteriormente: entrada, cuéntame, situar el conflicto, buscar soluciones y el acuerdo. En el Anexo del libro está el guion completo del proceso de la Mediación Escolar. Puede suceder que sean necesarias más de una sesión, o que esta primera sesión tenga que ser interrumpida porque una de las partes no quiere realmente estar allí, no cumple las normas etc. Recordemos que sin voluntariedad no existe proceso de mediación escolar.

¿Cómo formar y capacitar mediadores en las escuelas?

Desde la experiencia de más de quince años formando estudiantes, docentes y familias en Mediación Escolar quiero comenzar por una de mis máximas que dice que "cualquier alumno o alumna puede ser un buen mediador", la única condición imprescindible es que tiene que formarse o capacitarse específicamente para ello, siendo este un aspecto en el que los centros educativos deben intentar invertir esfuerzo y recursos para conseguir implementar con éxito un sistema de mediación.

Realizar acciones formativas con adolescentes tiene unas características especiales que nos obliga a pensar en formatos y metodologías que se adapten a las edades de nuestros futuros mediadores. Es en este aspecto, donde los formadores deben poner toda su creatividad para intentar que el aprendizaje de los conceptos básicos que fundamentan la mediación –complejos en algunos casos– así como la adquisición de las habilidades y técnicas necesarias sean de fácil comprensión y de fácil adquisición por parte de los adolescentes.

En relación con el trabajo y el desarrollo de las competencias de nuestros estudiantes podemos afirmar que la formación en mediación incide principalmente en el desarrollo de la competencia lingüística y sobre todo de la competencia social y cívica, que es una de las áreas menos desarrolladas dentro del currículo de las diferentes materias que componen la educación obligatoria, por lo que la existencia en un centro educativo de un programa de Mediación Escolar que permita al alumnado desarrollar en mayor medida esta competencia, representa uno de los elementos de mejora del clima escolar más adecuado para incorporar a nuestro plan o proyecto anual de convivencia y a nuestro proyecto educativo.

El alumno que se prepara para ser mediador adquiere una formación que le permite asumir un alto grado de corresponsabilidad en la gestión de los conflictos en las aulas, que va creando una red de colaboración entre profesorado y alumnado que con ninguna otra estrategia de mejora de la convivencia se consigue.

Es necesario que seamos conscientes de que *formarse como mediadores* no es fácil, ya que requiere del aprendizaje de una serie de elementos y técnicas complejas alejadas del mundo de los alumnos, que deben realizar un esfuerzo personal extra a su tarea diaria educativa. Quiero resaltar algunas cuestiones que debemos tener en cuenta a la hora de diseñar el proceso formativo.

El *lenguaje* que utilizaremos será nuevo para gran parte de los estudiantes: asertividad, empatía, Educación para La Paz, técnica del disco rayado, técnica del aplazamiento asertivo, escucha activa, los mensajes yo, la inteligencia emocional, etc.

Las *sesiones de trabajo* deberán realizarse en horario extraescolar normalmente, lo que representará un sobresfuerzo y la motivación debe ser alta para conseguir la asistencia. En este sentido será bueno que la formación finalice con alguna actividad atrayente para todo el grupo, un viaje, actividades de ocio, etc., que vayan dando fuerza al programa para años sucesivos ya que estas actividades son las más demandadas por el alumnado, así los asistentes serán nuestra mejor publicidad de cara al año siguiente. Otra estrategia que funciona para motivar a la participación es el intercambio de experiencias y formación conjunta con otros centros educativos. El conocer alumnado de otros lugares y compartir esta experiencia es sin duda una de las fórmulas mejor valoradas por los participantes.

En cuanto a la *dinámica de las sesiones de trabajo y capacitación* de los nuevos mediadores debe ser lo más práctica posible. El modelo de talleres donde a partir de una explicación corta, más teórica y apoyada necesariamente hoy en día en algún soporte digital, se realiza después alguna actividad de trabajo en grupo, en parejas o individual, para luego ponerla en común con el resto y dialogar sobre una serie de elementos de importancia, es uno de los formatos más exitosos[2]. También la representación

---

[2] Existen algunos manuales de trabajo ya diseñados para este tipo de sesiones, como el "Cuaderno para la Formación de Mediadores Escolares" del Proyecto Armonía (2010).

teatralizada o role playing de situaciones que explican técnicas o elementos de habilidades de comunicación, sociales, de resolución de conflictos, etc., son algunas de las actividades que dinamizan de manera adecuada y motivan al alumnado que participa en el proceso formativo, generando ambientes y climas de trabajo distendidos y amigables.

Para finalizar, explicaremos un diseño básico de los que sería un "Curso completo para formar a personas de la Comunidad Educativa de un centro escolar, principalmente estudiantes, como mediadores en conflictos".

El curso se compondría de, al menos, **cinco sesiones** de **tres horas** en formato taller y con un ritmo de trabajo muy dinámico, apoyado en presentaciones digitales o audiovisuales y materiales en formato analógico, creados para cada una de las tareas que se van a desarrollar. A continuación, podemos ver un resumen de los elementos que se deberían trabajar en cada una de las sesiones.

SESIÓN 1: Dinámicas y fundamentos de la resolución pacífica de conflictos

✔ Parte primera: Dinámicas de grupo entre los asistentes.

✔ Parte segunda: La Educación para la Paz, los Derechos Humanos y el conflicto en positivo.

SESIÓN 2: Análisis del conflicto y habilidades para la mediación

✔ Parte primera: El conflicto: actitudes, elementos de análisis, etc.

✔ Parte segunda: Habilidades de comunicación I

– La comunicación en los conflictos

– Estilos de comunicación

– La escucha activa

SESIÓN 3: Habilidades de comunicación II

– Los mensajes "YO"

– El asertividad: técnicas

– La empatía

© narcea, s.a. de ediciones

- La inteligencia emocional
- El lenguaje no verbal: lenguaje corporal y paralenguaje

SESIÓN 4: La Mediación Escolar I: Marco teórico

- Definiciones
- Modelos de mediación
- Características y beneficios educativos
- Fases
- Planificación del proceso de la mediación escolar
- Guiones

SESIÓN 5: La Mediación Escolar II: Práctica

- Análisis de casos
- Dramatizaciones
- Análisis de vídeos

Dependiendo del nivel de implicación de los asistentes y de las necesidades del centro educativo donde se quiere implantar el sistema de mediación, se podrían realizar dos sesiones más, una de ampliación de la práctica de la mediación y otra más enfocada al profesorado del centro educativo para explicar algunas pautas a la hora de intentar incorporara la mediación como un proceso estable del centro.

SESIÓN 6: La Mediación Escolar III: Práctica

- Análisis de casos
- Dramatizaciones y role playing de casos
- Análisis de vídeos

SESIÓN 7 (Solo profesorado): **Implementación del sistema de Mediación Escolar en el centro educativo.**

- Evaluación contextual: elementos e instrumentos de evaluación
- Modelos de incorporación
- Diseño de estrategias y plan de acción

La Práctica de la Mediación Escolar

Esta segunda parte del libro se fundamenta en mi experiencia como formador de mediadores y sobre todo en mi intervención en múltiples procesos de mediación. Intentaré ofrecer algunas claves concretas que sumen, a la primera parte del libro más teórica y técnica, los detalles importantes que hacen de las mediaciones momentos singulares y únicos. Estos elementos ayudarán a orientar adecuadamente los procesos mediadores y también a concretar y detectar los errores más habituales para no cometerlos durante las mediaciones.

Comenzaremos por analizar una de las dudas que más me plantean los centros escolares que quieren incorporar la mediación como forma de resolución de conflictos y mejora de la convivencia; me refiero a las características que deben tener los mediadores escolares. Cotejaremos las ideas de varios autores de reconocido prestigio e intentaremos definir los elementos indispensables.

Continuaré con cuestiones muy prácticas sobre cómo gestionar un proceso de mediación adecuadamente e intentaré dar algunas pistas para poder mediar en casos menos habituales en los centros escolares, pero que también existen, y para los que la Mediación Escolar puede ser, en alguno de ellos, una buena estrategia de gestión y de resolución: conflictos entre grupos, en el ámbito familiar, la disrupción en el aula y los conflictos de bullying o acoso escolar.

Por último, dedicaré un capítulo a la parte relacionada con las emociones y el conflicto, porque los futuros mediadores deben ser conscientes del poder de las emociones en la contención del conflicto y en su resolución. También quiero hacer referencia a una parte menos visible de la formación y capacitación de mediadores, ese proceso paralelo que se produce a la adquisición de las técnicas de la mediación, y que está más cercano a la de educación emocional, ética y ciudadana de las personas que finalizan su formación y llegan a realizar procesos mediadores.

Los mediadores y el proceso de la mediación

Partiendo de nuestro planteamiento de que cualquier persona puede ser mediador o mediadora, siempre que se forme y capacite, no podemos hablar de perfiles de mediadores o de estudiantes adecuados para la mediación. Pero sí podemos establecer algunas características que definirían a una persona con la formación, las cualidades o la competencia más idónea para realizar con éxito procesos de mediación en conflictos.

También este capítulo servirá para trabajar algunas de las claves para que esos procesos mediadores que vamos a realizar sean exitosos. Veremos elementos muy concretos que salen de mi experiencia y de la práctica de las mediaciones que he realizado durante muchos años.

Características de un buen mediador

Como he dicho en la introducción a esta segunda parte, hay muchas personas que me preguntan sobre esta cuestión cuando están pensando en iniciar un proyecto de mediación en un centro educativo, o bien ya lo han iniciado y se encuentran en el momento de comenzar la formación y la selección de un primer grupo de mediadores escolares.

Sin duda es uno de los asuntos que más nos preocupan en los inicios de un proyecto, ya que deseamos tener éxito desde el primer momento y queremos contar sobre todo con estudiantes en los que poder confiar para que la mediación funcione bien desde el inicio. La selección de los adultos, si optamos por un modelo de todos los sectores de la Comunidad

Escolar como el que nosotros proponemos, nos preocupa menos porque, sin duda, realizarán menos procesos mediadores, y la base siempre serán los estudiantes.

Vamos a resumir las características y cualidades que plantean cuatro de los mejores expertos en este campo y, al final, intentaré proponer algunas cuestiones propias al respecto a modo de resumen o conclusión.

El perfil del mediador escolar

El referente en España de la Mediación Escolar es, sin duda, la profesora Carme Boqué. Su dilatada trayectoria en este campo con numerosas publicaciones, tanto a nivel teórico, como práctico, hacen imprescindible fijarnos en las características que ella considera debe poseer un buen mediador escolar:

- Disponibilidad para ayudar a los demás.
- Capacidad para concentrarse en el proceso poniendo atención a lo importante y no dejarse influenciar por lo que dice cada una de las personas.
- Mostrar empatía sin tomar parte y demostrar ser neutral o como indica esta autora, ser "multiparcial", mostrándose a favor de todo el mundo por igual.
- Independencia en cuanto a no estar involucrado directa o indirectamente en el conflicto o tener relaciones con las partes que puedan afectar al resultado de la mediación. Esto mejorará la confianza y la credibilidad de los mediadores.
- Es necesario ser valiente pero también mostrar serenidad y sobre todo eficiencia a la hora de llevar el proceso, demostrando control sobre sus fases y momentos.
- Tener formación que le permita ver los conflictos con optimismo y como una oportunidad de mejora y crecimiento personal, actitud que debe ser capaz de transmitir a las personas haciendo que sean conscientes de su propia capacidad de resolver positivamente el conflicto.
- Saber escuchar de manera activa utilizando bien todas las técnicas de lenguaje corporal, del uso de la voz, de dominio del lenguaje, de asertividad, de empatía, etc., hacia una comunicación positiva que aclare y ordene, parafraseando y resumiendo lo que las personas dicen, sobre todo al principio, para evitar entrar en confrontaciones y que la comunicación se deteriore más.

- Tener una actitud conciliadora ante los planteamientos de cada persona, pero también intentar ser justo y no acordar soluciones claramente injustas con una de las partes.
- Ser creativos y a la vez prácticos en la fase de análisis de posibles soluciones.
- Tener la paciencia cuando el caso no avanza o no se ven soluciones. La vuelta atrás en el proceso para reiniciar algunas partes o detener la mediación y aplazarla quedando a disposición de las personas, puede ser clave en la solución final.
- Los mediadores van cediendo el protagonismo a las partes durante el proceso para fortalecerlas y que estas sean capaces de encontrar sus soluciones. Desde un planteamiento personal de humildad y sin necesidad de reconocimiento.
- Discreción y confidencialidad sobre todo lo tratado.

Actitudes y conocimientos que debe poseer un mediador

Eduard Vinyamata Camp, experto conflictólogo internacional nos refiere en su libro *Aprender Mediación* una serie de actitudes y capacidades que debería poseer un buen mediador:

- Capacidad de escucha, paciencia.
- Capacidad de síntesis y potenciación de las soluciones que aporten las partes en conflicto.
- Imparcialidad, a pesar de las ofensas que unos y otros se hayan dirigido.
- Optimismo, capacidad de desarrollo del sentido del humor.
- Habilidad para transmitir serenidad.
- Sencillez en la expresión al exponer lo que es y lo que pretende la mediación para que pueda ser comprendido con facilidad.
- Sensibilidad ante las emociones de las personas y, al mismo tiempo, capacidad para no dejarse influir por las expresiones del conflicto y los intentos de las partes de que se ponga de su lado en contra de la otra.
- Confidencialidad.
- Ética. Con frecuencia este concepto se presenta de manera excesivamente teórica. Conviene poseer la capacidad de proporcionar actitudes éticas desde una visión pragmática.
- Tener conocimientos de conflictología.

© narcea, s.a. de ediciones

Aptitudes y características de un buen mediador escolar

Lucía Gorbeña Etxebarría, directora del centro GEUZ para la transformación de conflictos, convivencia y cultura de paz, en el libro *Gestión positiva de conflictos y mediación en contextos educativos*, afirma que para ser un buen mediador escolar es conveniente tener una serie de aptitudes o características:

■ Potencial de liderazgo, ya sea positivo o negativo.
■ Ser respetado/a por sus compañeros/as e inspirar confianza.
■ Tener el deseo de ayudar a otros/as alumnos/as.
■ Tener facilidad de palabra.
■ Ser paciente y mantener la calma.
■ Tener sentido del humor.
■ Tener iniciativa.
■ Estar dispuesto a comprometerse con el programa de mediación durante un curso escolar completo.

Lucía Gorbeña también destaca un elemento importante que debe caracterizar al grupo de mediadores escolares a nivel de equipo, y es la necesidad de que esté integrado por estudiantes que representen la diversidad de la población escolar del centro educativo (edad, género, cultura, nacionalidad, etc.).

Características del mediador

La prestigiosa autora argentina Sara Rozenblum de Horowitz relata en su libro *Mediación: Convivencia y resolución de conflictos en la comunidad*, diversas características del mediador según el tipo de intervención que deba hacer, refiriéndose más a las mediaciones a nivel comunitario. De estos elementos quiero destacar un párrafo que me parece adecuado y muy interesante para nuestro enfoque sobre las cualidades de un buen mediador escolar:

"El mediador es un catalizador que tiene conocimientos y propone el diálogo constructivo; a veces guía las partes, a veces impide la escalada de conflictos y a veces ayuda a las partes a superar un estancamiento del conflicto. El mediador no puede ser frívolo o inepto al hacer su tarea. El poder descansa en las partes; el mediador debe desempeñar su tarea de modo consciente y constructivo para llevar a las partes a acordar términos aceptables de acuerdo".

Las cinco cualidades iniciales que debemos buscar en nuestros mediadores escolares

Como podemos ver Carme Boqué y Lucía Gorbeña nos hablan de mediadores escolares, mientras que Eduart Vinyamata y Sara Rozenblum se refieren a características más generales de un buen mediador en cualquier ámbito. He querido hacer esta combinación, a propósito, para poder comparar ambas visiones con el fin de intentar concluir, más resumidamente, una serie de características que nos ayuden en los centros educativos a la hora de buscar y definir a los miembros de un equipo de mediación escolar.

Partiendo de la idea que defiendo en este libro de que cualquier estudiante puede ser un buen mediador, y que el equipo de mediación debe ser diverso y no crear sesgos, es algo incontestable que para llegar a ser buen mediador es necesario formarse, y es ahí donde nosotros podemos orientar ese desarrollo formativo o capacitación de los mediadores cuando sabemos qué cualidades y características son importantes a la hora de realizar bien los procesos de mediación escolar.

1. **Disponibilidad para ayudar y comprometerse.** Cuando convocamos una formación o capacitación para mediadores en un centro escolar lo primero que se exige al estudiante es un compromiso para ayudar en la mejora y también en la gestión de los conflictos y de la convivencia escolar. Es un compromiso que debe quedar claro desde el principio cuando promocionamos este proceso formativo. En este sentido ayuda mucho que la resolución de los conflictos por mediación escolar esté presente en las normas de la institución educativa y se definan las funciones y atribuciones de los mediadores, así como el alcance normativo de los acuerdos en relación con el régimen sancionador. Es decir, si los acuerdos cumplidos paralizan sanciones, si la mediación es anterior o posterior al cumplimiento de una sanción o en paralelo, qué pasa si una parte cumple el acuerdo y la otra no lo cumple, etc.

2. **Compromiso para formarse y adquirir conocimientos.** La necesidad de realizar varias sesiones de trabajo en horario extraescolar, para formase inicialmente y luego de manera continua, es un nivel de exigencia que no todos los estudiantes están dispuestos a realizar. Es habitual que después de algunas sesiones vayan quedando los alumnos que realmente quieren comprometerse con el proyecto y llegar hasta el final. Podríamos decir que se produce una selección natural dentro del grupo que se está capacitando.

3. **Iniciativa y valentía.** Sin duda una vez que hemos realizado un proceso de promoción para conseguir estudiantes que quieran ser mediadores, aquellos que se hayan inscrito, debemos presuponerles al menos la iniciativa y el valor de querer realizar esta labor tan compleja en cualquier centro educativo.

4. **Discreción y confidencialidad.** Es sin duda uno de los elementos que desde el primer momento debemos inculcarle a nuestro grupo de futuros mediadores y mediadoras. Sin estas dos características nuestro proyecto no funcionará y eso deben saberlo y grabárselo desde el primer momento.

5. **No buscar un reconocimiento personal.** Esta última característica entronca mucho con las anteriores y podríamos unirla a ellas, ya que la discreción y la confidencialidad no existirán si el mediador busca un reconocimiento personal y por eso es necesario que también sea parte del compromiso inicial del estudiante.

Todo lo demás son habilidades y técnicas que podemos enseñar a nuestros estudiantes con la formación y que no debemos obsesionarnos con buscarlas desde el inicio en los futuros mediadores. Cada uno desarrollará más unas u otras cualidades, habilidades o técnicas, pero todos los que adquieran el compromiso, tengan la iniciativa y el valor, sean capaces de ser discretos y confidenciales sin buscar reconocimiento personal en una labor altamente altruista de ayuda a los demás, pueden ser grandes mediadores escolares.

Claves para el control y el éxito de los procesos de mediación

En este apartado voy a exponer algunos aspectos muy concretos que se deberán tener en cuenta durante las mediaciones para conseguir un buen control del proceso y seguir una senda de éxito. Algunos son elementos que ya hemos visto anteriormente, pero creo que no importa repetirlos, ya que son elementos clave para realizar correctamente una mediación.

El control de la situación

Los mediadores deben controlar el respeto a las normas establecidas: turnos de palabra, que no se produzcan excesivas interrupciones, ningún insulto ni menosprecio, etc. Incluso debemos parar el proceso en caso de no poder controlarlo. No puede suceder que una de las personas en conflicto intente llevar el ritmo del proceso y/o manipularlo o convertirse en protagonista absoluto. Buscar los mensajes "Yo" entre las partes, la empatía y el respeto. Frenar la comunicación en mensajes "Tú" y la escalada de nuevos conflictos.

El poder de las partes en la mediación

Para que un proceso de mediación pueda tener éxito y se llegue a un acuerdo que ambas partes acepten cumplir, es necesario que las dos tengan un cierto grado de "poder", dentro de la negociación.

"(…) en toda negociación, las partes en disputa tiene siempre cierto grado de poder, ya que, en caso contrario no habría negociación, simplemente la parte que disponga de todo el poder se limitaría a ordenar lo que desee y los demás lo cumplirían sin rechistar" (Mendieta y Vela ,2005).

También parece claro que la persona que menos necesidad tiene de llegar a un acuerdo tiene más poder.

Posiciones e intereses (necesidades y deseos)

Es necesario negociar sobre la base de los intereses (necesidades y deseos) de ambas partes, y no sobre la base de posiciones, ya que de lo contrario podemos generar diferencias insalvables en apariencia, y lo que es peor, acabar identificando a las personas con el problema. Los intereses de cada parte son: a)necesidades: lo que necesita para sentir que el conflicto ha quedado bien resuelto, se sentirá tranquilo; y b) deseos: se refiere a cómo le gustaría que quedase la situación después de resolverse el conflicto. Las necesidades son más importantes que los deseos en la lista de cosas que cada parte demanda.

Los juicios

Intentar no emitir juicios, ni de forma verbal, ni de forma corporal ya que esto limitaría o eliminaría la posibilidad de llegar a transmitir nuestra empatía con las personas para que nos contasen sus problemas y sus sentimientos. Si como medidores tenemos muchos prejuicios con una de las personas a las que vamos a ayudar en la mediación es mejor renunciar a ser medidores en ese caso, porque será muy difícil ser imparciales y que no se expresen esos prejuicios durante el proceso.

Los consejos

Nuestra función no es aconsejar a las partes, no es decirles lo que está bien o lo que está mal, ni si ha estado bien o mal lo que ha pasado. Nuestra labor como mediadores es crear un clima de diálogo y dar expectativas a las partes para que solucionen el caso o la situación por sí mismas. En la Mediación Escolar es frecuente que el alumnado sea mucho mejor mediador que el profesorado, simplemente porque los adultos tendemos a dar demasiados consejos basados en nuestra experiencia y conocimiento de las situaciones de la vida. Esto, que en otros momentos puede ser de un gran valor, no lo es en los procesos de mediación.

La importancia de las cosas

Debemos conseguir que los interlocutores perciban que, al igual que para ellos, también para nosotros, lo que nos cuentan es lo más importante del mundo en esos momentos. Los conflictos, como ya hemos visto anteriormente, son situaciones en las que los sentimientos y las sensaciones de las partes están "a flor de piel" y su percepción de la realidad puede verse algo distorsionada por el propio conflicto, haciendo que todo gire en torno a él. Debemos tener esto en cuenta y demostrar que entendemos lo que le está pasando a esa persona, aunque nosotros, desde nuestra posición fuera del conflicto, lo veamos de otra forma.

Tomar notas y datos

La toma de anotaciones debe ser rápida y quizás alternativamente por ambos mediadores o mediadoras en el caso de hacer comediación, según el modelo que proponemos en este libro para la mediación en los centros educativos. También puede ser uno de ellos el único que tome notas, aunque esto limitaría la escucha activa y la necesidad de demostrar interés por parte de los dos mediadores. Lo que no debemos hacer es que la toma de notas limite nuestra técnica de escucha activa, que debe ser siempre una de las claves del proceso mediador.

El tiempo

Tanto las preguntas en exceso, como las notas en exceso o el volver sobre posiciones inamovibles, puede alargar hasta el cansancio el proceso. En algunos casos será mejor retomarlo en otra ocasión. Hay que marcar para nosotros un tiempo máximo para la mediación desde el inicio.

La información previa

La fase de premediación, por separado con cada parte, nos ha tenido que dar una primera estructura del conflicto. Es muy importante preparar con antelación el proceso de la mediación con esa información inicial.

© narcea, s.a. de ediciones

Los protagonistas

Las personas en conflicto son las verdaderas protagonistas del proceso. Los mediadores evitarán ser los actores principales, alejándose de buscar el reconocimiento o la admiración de los otros. Su labor es altamente altruista y no precisa del reconocimiento.

Los datos

Los mediadores basarán su labor en los datos que ambas partes les han contado, sin aportar otros nuevos o recogidos en otras fuentes, ya que esto daría la imagen de investigación, acusación o juicio.

Hablar, el diálogo

Los mediadores mantendrán también entre ellos o ellas su turno de palabra. No obstante, ambos deben llevar por igual el peso del proceso, preguntando, aclarando, controlando, etc., ya que deben constituir un verdadero *equipo*: "La norma que hay que seguir es pensar más deprisa que nuestro interlocutor y hablar más despacio de lo que él piensa, ya que de esa forma lograremos optimizar nuestra comunicación verbal. Este aspecto es crucial para conseguir una buena conexión" (Urpí, 2004).

El acuerdo

Solo hay acuerdo cuando las dos partes están de acuerdo. Es decir, la base de los acuerdos se encuentra en la cooperación y no en la competición. Los acuerdos no llegan casi nunca por la fuerza de los argumentos, las diferencias de poder o las razones de cada parte. Solo el acercamiento de posiciones, por las concesiones y por la creatividad en el momento de construir nuevas opciones, nuevas soluciones a problemas comunes, son la clave para poder cerrar acuerdos.

Las preguntas

Uno de los elementos de comunicación más importantes dentro de los procesos de resolución de conflictos, a partir de estrategias de diálogo como la mediación, lo constituyen las preguntas que se realicen en dicho proceso. Deberemos tener claro para qué realizamos cada pregunta, dependiendo del momento de la mediación en el que estemos. Tanto el exceso de preguntas como la repetición de las mismas deben ser elementos a evitar. Las preguntas en momentos de la mediación nos pueden servir para situar mejor el conflicto, obteniendo información nueva, clarificar datos, animar a la persona para que siga contando, buscar la empatía entre las partes o finalmente posibilitar la búsqueda de soluciones.

También es muy importante que nuestros mediadores escolares sepan diferenciar entre los dos tipos de preguntas más habituales en cualquier dialogo, así como saber cuándo deben utilizarlas y con qué finalidad.

■ *Preguntas abiertas*
  – No requieren una respuesta predeterminada
  – Buscan información
  – Exploran intereses, necesidades, sentimientos
  – Evalúan hipótesis
  – Comienzan por: qué, quién, cómo, cuándo, dónde, para qué, por qué, cuál, de qué forma, cuánto, por qué no, qué pasaría si, me podrías decir, etc.

■ *Preguntas cerradas*
  – Pocas opciones de respuesta: sí, no…
  – Confirmar datos o aclarar información
  – Se utiliza el "parafraseo" de frases ya dichas para su confirmación o negación.

La mediación en otros conflictos escolares

La mayoría de los conflictos que vamos a mediar en el ámbito educativo y escolar serán entre dos personas de la Comunidad Educativa, principalmente alumnado, pero también profesorado, familias y personal no docente. Son conflicto de nivel uno y habituales en cualquier escuela del mundo.

El sistema de mediación escolar y educativa que propongo en este libro intenta ir más allá de estas tipologías de problemas de convivencia escolar, siempre y cuando la implementación del sistema se haga de manera adecuada, con tiempo y con una alta formación de los mediadores y las mediadoras, creando esa cultura de la mediación que es tan necesaria para que el propio sistema se convierta en proactivo de la convivencia, y de la resolución de los conflictos en nuestro centro educativo. Si logramos que el sistema se incorpore a la vida del centro, en todos sus documentos institucionales, si tenemos muchas personas capacitadas de todos los sectores y si la dirección escolar apuesta fuertemente por el sistema, podremos abordar, desde el sistema de mediación, otro tipo de conflictos que requieren de una experiencia superior a la habitual y de formas específicas de abordamiento más complejas y flexibles.

Quiero trabajar en este capítulo sobre cuatro de estas formas de conflictos escolares para los que es complicado buscar soluciones adecuadas y estables, utilizando los sistemas más tradicionales punitivo-sancionadores, y para los que la mediación escolar y educativa abre una nueva vía de gestión dentro de las escuelas.

Conflictos entre grupos

La complejidad de los centros escolares es un reflejo de la complejidad de nuestra sociedad y como tal reproduce patrones de conflictos que se dan en la vida diaria. La mediación escolar tiene como objetivo prioritario la resolución de conflictos entre personas, entre dos personas, pero hay ocasiones en las que en un conflicto escolar ha involucrados múltiples actores y además están agrupados en bandos. La gestión de este tipo de conflictos necesita de un sistema de mediación y de mediadores con un gran nivel de expertia. Un proyecto que esté en sus primeras fases de implementación tiene muy complicado ayudar en conflictos escolares grupales.

En otro apartado de este libro he hablado de elementos para analizar los conflictos entre dos personas y poder utilizar de manera adecuada el proceso mediador para su resolución. Ahora quiero dar algunos apuntes sobre características de los conflictos entre grupos, que debemos tener en cuenta a la hora de intentar una intervención mediadora o mediante cualquier otra técnica restaurativa como los círculos de diálogo, etc.

Teorías sobre los conflictos entre grupos

- **Teoría realista** (Campbell, 1965). Analizando conflictos entre grupos en la historia, en diferentes ámbitos, la primera de las razones que parece ser detonante de conflictos es la lucha por la obtención de recursos de cualquier tipo. Dos personas o grupos entran en conflicto cuando existe un bien deseado o necesario por ambos y del que no existe cantidad suficiente para satisfacer las necesidades los dos. Esta teoría por ejemplo es la base de conflictos de carácter interracial o intercultural en los que la población autóctona se opone a la llegada de otras personas en base a la percepción de que hay que compartir recursos que pueden verse colapsados por esta población, como recursos sanitarios, sociales, educativos, laborales, etc. Una solución "sencilla" estaría en conseguir más recursos o conformarse con menos.

- **Teoría de la identidad social.** En ocasiones no existe una falta de recursos, pero surgen conflictos entre grupos que no tiene nada que ver con tener más que los otros. A veces para el grupo es más importante mantener el "orgullo", la identidad, que las ganancias materiales. Esta dinámica tiene lugar en grupos que se han sentido inferiores o bien que no tenían los mismos derechos que otros y que entran en conflicto no en busca de recursos materiales sino, sobre todo, en busca de reconocimiento, derechos y dejar constancia del "orgullo" de grupo.

- ***Teoría de la privación relativa*** (Stouffer et al., 1949). En ocasiones un grupo se siente o percibe que sus derechos no son iguales o avanzan a un ritmo más lento que el de otro grupo con el que se comparan. Perciben o creen que hay una injusticia sobre ellos y ellas. Esto se ve acrecentado hoy en día con el acceso a la información global que proporciona Internet y los medios audiovisuales y digitales. Es muy fácil compararse y ver las diferencias, reales o percibidas, con otros grupos en nuestra misma situación.

Polarización de los conflictos entre grupos

Los conflictos entre grupos son más difíciles de gestionar porque existen varios elementos que provocan una tremenda polarización de las posiciones que es muy complicado reformular o reconducir:

- *Identidad de grupo:* Todos sus miembros se identifican con las creencias y planteamientos del grupo y adoptan una actitud ante el conflicto tremendamente competitiva, reforzada constantemente por las vivencias del propio grupo.
- *Lealtad:* Los integrantes del grupo exigen a todos los demás un compromiso total con los planteamientos del grupo y en contra de los del otro grupo. Los líderes tienen aquí un papel fundamental.
- *Acción-Reacción:* El grupo espera que el otro reaccione con una actitud tan competitiva como la suya.
- *Falta de diálogo:* Los grupos no se hablan entre ellos y esto impide cualquier tipo de intento de resolución. Por otro lado, la comunicación dentro de cada grupo se vuelve muy intensa y constante, provocando refuerzo de posiciones y mucha más polarización. Esto se ve acrecentado hoy en día con la comunicación instantánea que puede tenerse en las redes sociales o aplicaciones digitales.
- *Defensa pública:* El compromiso de la propia discusión interna de cada grupo se puede ver maximizado cuando se hacen defensas públicas de las posturas, ya sea de forma física o virtual.

Elementos para la escalada de los conflictos entre grupos

A lo largo de este tipo de conflictos, aparte de los elementos que hemos visto que lo polarizan, también podemos observar algunas variables que hacen que el conflicto escale hasta niveles que hacen difícil implementar estrategias

de desescalada para intentar buscar un posible proceso mediador, que en situaciones de donde el conflicto está en plena ebullición no es posible poner en
práctica. Estos aspectos que escalan el conflicto muchas veces son actitudes o
percepciones dentro del propio proceso del conflicto y acaban convirtiéndose
en variables que lo mantienen en el tiempo. Veamos algunos de estas variables:

- *Acciones de fuerza:* Todo acto de agresividad o competición tiene
  una respuesta inmediata en el otro grupo y si es posible de mayor
  intensidad.

- *Coaliciones:* Los grupos pueden ir formando coaliciones con otros
  que apoyen su postura e intentar tener más fuerza.

- *Polarización de la percepción del otro grupo:* Esto se produce en varios
  aspectos diferentes:

  - Los miembros del grupo piensan que su grupo no puede hacer
    nada malo y que el grupo opuesto no puede hacer nada bueno.

  - Se piensa que el grupo propio es seguro que ganará y que puede
    conseguir todo lo que se proponga. Esto no solo se basa en mayor
    fuerza, sino que a veces es simple cuestión de valentía, de origen,
    de supuesta elección divina, etc. Pocas veces los argumentos ra-
    cionales son la clave de este pensamiento.

  - Las cosas que tiene que hacer mi grupo son fruto de las circuns-
    tancias y están justificadas, pero lo que hace el otro grupo no
    tiene ninguna razón de ser.

  - Mi grupo siempre actúa sin ocultar nada y el otro tiene intencio-
    nes ocultas en lo que hace o dice.

  - Lo que sucede es que el otro grupo está mal dirigido, sus miembros no
    tienen culpa, ha sido su líder el que les ha engañado para que actúen así.

Resumiendo, podemos afirmar que en los conflictos entre grupos el
conjunto de emociones y sentimientos que producen en las personas, afectan de manera notable a la percepción de la realidad y por supuesto a
la comunicación. En estas circunstancias las acciones se fundamentan en
estereotipos, prejuicios y reacciones automáticas muy lejos de cualquier
argumentación racional basada en hechos.

Proceso de mediación entre grupos

Los procesos de mediación entre grupos se hacen con los líderes de
cada grupo. Abrir este espacio de diálogo no garantiza la desescalada, por

© narcea, s.a. de ediciones

eso es importante tener en cuenta a la hora de intentar iniciar esto que una mala comunicación es peor que una inexistente comunicación. El primer encuentro siempre estará basado en exponer y hacer visibles las fuerzas de cada parte y por lo tanto las actitudes serán altamente competitivas. Nuestra labor como mediadores será rebajar esa tensión inicial y buscar que la exposición de cada parte sea al menos en mensajes "yo", en primera persona. Alejando el diálogo de los reproches o los insultos, buscando la expresión asertiva en las partes y que sean capaces de exponer sus razones, percepciones, emociones, etc., de una manera sosegada y fuera de la tensión que genera el grupo cuando está reunido.

Es importante tener en cuenta que en los procesos de mediación entre grupos es mucho más difícil convencer a las personas de tu propio grupo que al líder rival de que la posición que has adoptado es la correcta en todo o en parte.

Hoy en día tenemos poderosas herramientas de comunicación digitales cuya instantaneidad hacen que este tipo de conflictos escalen de una manera mucho más rápida y "viral". Pero los comportamientos siguen siendo parecidos, aunque ahora no siempre tengan lugar de manera física y a veces los grupos sea totalmente virtuales. Es evidente que el siglo XXI ha modificado el contexto donde se producen estos conflictos y eso debe ser tenido en cuenta a la hora de abordarlos desde la mediación, pero, de momento, las personas seguimos siendo seres humanos y nuestras pautas de comportamiento en grupo siguen patrones que debemos conocer como mediadores, aunque los entornos y las dinámicas de los conflictos entre grupos sean diferentes.

Conflictos en el ámbito familiar

Siempre he pensado que las habilidades y técnicas que se aprenden como mediador escolar pueden ser de ayuda también en la gestión y resolución de otros conflictos, desde una forma de entender la convivencia escolar cómo todo aquello que influye en ella, ya se produzca dentro de la propia institución y su funcionamiento diario, como fuera de ella y que afecta a las personas que la forman.

Ahora quiero abrir la posibilidad, que ya es una realidad como veremos, de utilizar los sistemas de Mediación Escolar para ayudar en la resolución de conflictos en el ámbito familiar, que es una tarea bastante más complicada que la mediación de los conflictos dentro del propio centro educativo. En la tercera parte del libro veremos algún caso resuelto de esta tipología.

Los obstáculos principales con los que nos encontraremos para el desarrollo de estas acciones de mediación en las escuelas son, principalmente, de tres tipos: a) la falta de tiempo para realizar procedimientos mediadores que pueden alargarse más de lo normal; b) la necesidad de contar con personas altamente formadas para realizar este tipo de procesos de mediación; c) la inexistencia de un protocolo específico de gestión de este tipo de conflictos, que van más allá de una mediación entre dos personas.

Partiendo de un breve análisis de la realidad actual en las relaciones personales y familiares, voy a intentar definir algunas claves, basadas en la experiencia, que podrían ser un primer borrador de un modelo para la mediación de este tipo de conflictos en los que se entremezclan las relaciones escolares, las relaciones familiares o las relaciones entre diferentes familias.

Viejos conflictos en nuevas realidades

La realidad vivida con la pandemia de la COVID-19, ha transformado de manera notable las relaciones entre las personas que formamos parte de cualquier comunidad educativa en todo el mundo. La convivencia entre las personas, en el ámbito escolar, familiar o cualquier otro, se ha visto impactada con una despersonalización tan profunda que sus cimientos, construidos con tanto trabajo durante años, se han visto socavados y a veces destruidos. El clima de convivencia, en cualquier entorno de relaciones personales, no se construye en un instante con mensajes de WhatsApp o videollamadas por Zoom, etc., necesita de tiempo, espacios de relación y gran parte de presencialidad en ambientes seguros y agradables.

No cabe duda de que algunas vivencias de este tiempo de pandemia han resultado por momentos aterradoras, y muy por encima de la capacidad de resiliencia de muchas personas. El impacto ha sido especialmente cruel, por supuesto con las víctimas y sus familiares, pero también con los jóvenes en edad adolescente que han visto como todo su mundo de relaciones vitales fuera de la familia desaparecía. Este hecho ha generado que el clima de convivencia familiar haya pasado de una "normalidad", un equilibrio conseguido con el tiempo, a un clima en el que sentimientos y emociones se disparan y los conflictos surgen como una nueva realidad donde se ha roto aquel equilibrio que tanto nos constó conseguir y que ahora hay que volver a construir, y no sabemos cómo hacerlo.

Está demostrado que el estado emocional de una persona determina en gran parte la forma en la que percibe el mundo y lo que vive en cada momento. Las percepciones actuales de los adolescentes respecto al mundo en el que están son muy negativas y esto les provoca emociones de frustración, miedo, ansiedad, tristeza, desesperanza y mucha ira contenida, que son las fuentes de las que vive el conflicto.

Situaciones de conflicto familiar que se trasladan al ámbito escolar

Esta nueva "realidad aumentada de relaciones familiares" y de posibles conflictos entre los miembros del núcleo familiar, y sobre todo en los que conviven jóvenes adolescentes, puede llevar a situaciones como las siguientes:

- Supresión total de la comunicación entre los miembros: *"No hablo con mi padre (madre) desde hace un año"*.
- Rotura del núcleo familiar: *"Hace tres meses que se marchó de casa"*.
- Enfrentamientos con terceras personas: *"La culpa es de él, que le predispone contra nosotros"*.
- Fracaso escolar: *"No puedo centrarme ahora en estudiar"*; *"Nos da igual que suspenda, no va a hacer nada, ya tiene el curso perdido"*.
- Sufrimiento: *"Yo lo que quiero es que las cosas vuelvan a ser como antes"*; *"Me siento muy mal"*; *"No puedo dormir"*; *"No sabe el daño que me está haciendo"*.
- El castigo, la amenaza o la fuerza como única solución: *"Ya no sabemos que hacer, le hemos castigado con todo"*; *"Hasta que no me hable yo no pienso hablarle"*; *"Tuve que defenderme porque me estaba pegando"*.
- Buscar soluciones en los consejos de los demás o exponer el problema en las redes sociales: *"Mi amiga que la conoce me dijo que a su padre le había dicho un compañero que ella había comentado que te odiaba"*; *"Lo sabe todo el mundo, se comenta en todos los grupos, a mí me llegó por otro lado, no por ti"*.
- Problemas de salud o aparición de adicciones: *"Necesito fumarme uno, para poder dormir"*; *"Estoy tomando antidepresivos desde entonces"*.

Las posibles variantes de estos ejemplos son tantas como familias puede haber con problemas y seguro que usted podría añadir algunos ejemplos basados en su realidad.

Proceso de gestión a través de la Mediación Escolar

Para intentar ayudar desde el centro escolar en la gestión y resolución de este tipo de conflictos, es necesario contar con personas adultas dentro de la estructura que propongo en este libro para un Equipo de Mediación Escolar. Como ya comenté al principio la falta de tiempo será uno de los principales obstáculos para estos procesos, pero si contamos con personas capacitadas y cualificadas podremos ayudar en algunos casos.

Veamos ahora cuáles son los elementos clave que debemos tener en cuenta para gestionar este tipo de conflictos familiares desde la Mediación Escolar, seguro que no son todos, pero es una primera aproximación desde la experiencia.

- **Comediación**: Este tipo de casos son demasiado complejos para que un solo mediador o mediadora los gestione, por lo que planteo la necesidad de que sean dos mediadores adultos con una amplia formación y que hayan intervenido en casos de mediación escolar con anterioridad, es decir, con una cierta experiencia.

- **Premediaciones para el análisis del conflicto y la búsqueda de su estructura**: La complejidad de estos conflictos en los que existen más de dos personas involucradas en muchos casos, que pueden ser de entornos diferentes, de familias diferentes, nos plantea como mediadores un reto mayúsculo y un gran trabajo de investigación previo a la realización de cualquier proceso mediador. Una vez que sepamos del conflicto lo primero sería hablar con las personas por separado, incluso actuando de oficio desde el Equipo de Mediación. Antes de iniciar cualquier proceso mediador es fundamental estructurar bien el conflicto y luego decidir, entre los dos mediadores, si es mediable o no. Con toda seguridad el hablar con las personas que están más implicadas no será suficiente por lo que deberemos realizar más premediaciones o entrevistas con otras personas implicadas en el caso: familiares, amigos, vecinos, servicios sociales, policía, etc. Esta primera fase es clave para la desescalada del conflicto y sobre todo para la gestión y expresión de las emociones de las personas entrevistadas, acción que los mediadores deben potenciar.

- **Mediaciones que debemos realizar y en qué orden:** una vez que hemos realizado todo el proceso de investigación con las premediaciones y tenemos una idea clara de la estructura y los orígenes del conflicto, los mediadores tienen los datos para poder establecer un plan de trabajo de mediaciones. Es de suma importancia determinar cuál es la primera mediación que debemos realizar y para ello nos haremos la pregunta ¿Qué dos personas son imprescindibles para iniciar la resolución? De esta primera mediación podría depender el éxito o el fracaso del proceso y por eso también debemos hacernos esta otra pregunta ¿Si estas dos personas se arreglan, estaría solucionado el conflicto o gran parte de él? Una vez realizada esta primera mediación podremos decidir si la senda que hemos diseñado es adecuada o conviene revisarla.

Para finalizar quiero exponer otros elementos que, según he comprobado, poseen una especial importancia en estos casos y que podrían ser también vías de solución paralelas, o incluso tener entidad propia como estrategias de resolución positiva de este tipo de conflictos, ya sea durante el proceso mediador o bien en la fase de las premediaciones.

- **Reflexionar sobre los posibles errores que cada uno ha podido cometer**: La admisión de posibles errores en las propias actuaciones, percepciones o comportamientos podría considerarse como un primer paso hacia la búsqueda de soluciones y sobre todo hacia un cambio de postura personal en torno al conflicto. Una nueva visión en la que admitir que uno puede estar equivocado y no estar en posesión de toda la verdad. Los mediadores intentarán que las personas comiencen a entender que la otra parte puede tener una percepción diferente de lo que ha pasado y que ambas comparten la responsabilidad de los hechos y de las soluciones.

- **El poder del perdón**: Siguiendo al maestro D. Jorge Pesqueira Leal, el referente mundial en el modelo de la Mediación Asociativa, estoy totalmente de acuerdo con esa visión del perdón que expresa en su gran obra *Mediación Asociativa y Cambio Social*, cuando dice: "El poder del perdón nace como efecto reparador ante los embates de pasiones humanas como el odio y el rencor. Perdonar es recuperarnos a nosotros mismos, es darnos cuenta de la necesidad, tomar acción y dar los pasos para restaurar la tranquilidad personal. El poder del perdón nos lleva a saber exactamente cuál es el sentimiento que albergamos y a ser capaces de comunicarlo. Es buscar más allá de las limitaciones de prejuzgar. Es moverse de dentro hacia fuera y cambiar la perspectiva".

- **Resolución espontánea**: Podría pasar que, si realizamos de manera muy exitosa las premediaciones y con un gran nivel de descarga emocional, de asunción de errores y de perdón, existe la posibilidad de que las partes se arreglen entre ellas sin necesidad de realizar un proceso mediador. Esto lo he visto en casos mucho más sencillos también y es algo realmente "mágico". A veces las personas lo que más necesitan es ser escuchadas, poder expresar sentimientos y darse cuenta de que su realidad no es la única.

■ **Círculo restaurativo**: Si llegamos hasta el final del proceso haciendo varias premediaciones, varias mediaciones entre diferentes personas implicadas podría ser muy interesante hacer una estrategia restaurativa final con todas ellas o una parte. Para esto los círculos de diálogo me parecen una estrategia perfecta y de fácil utilización por los mediadores, que debería prepararse y formarse en este tipo de técnica restaurativa.

Como hemos visto en esta pequeña aproximación a la utilización de la Mediación Escolar para gestionar y resolver problemas en el ámbito familiar, la formación de los mediadores es quizás el elemento más determinante para poder acometer esta compleja estrategia de mejora de la convivencia escolar. En definitiva, hablamos de trabajar en un nivel superior al de la Mediación Escolar, es apostar por comunidades escolares pacíficas donde, desde un proyecto de mediación, poder extender habilidades, valores y formas de relación basadas en las personas, en el respeto y en el diálogo como elementos transformadores.

Conflictos de disrupción en el aula

En la primera parte de este libro, en el capítulo dedicado al conflicto, veíamos que el segundo nivel de conflictos, el primero lo formaban los conflictos comunes, era el que denominábamos "conductas disruptivas en el aula". Mi planteamiento inicial ha sido casi siempre no utilizar la Mediación Escolar para la gestión de esta tipología de problemas de convivencia que son generados por estudiantes que impiden, en todo momento y con diferentes actitudes y acciones, el normal desarrollo de las clases. Pero, como casi todo en el ámbito de los conflictos y de la convivencia escolar, nada es blanco o negro y aquello que la teoría trata de generalizar, casi nunca vale para la totalidad de los casos.

Trataré pues, ahora, de hacer una breve aproximación al conocimiento de lo que se conoce como *disrupción en el aula y también hablaré de algunas estrategias o técnicas para su gestión*. Por último, voy a resumir un caso real de utilización de la Mediación Escolar para resolver un problema de disrupción en el aula.

Características de las conductas disruptivas

Las causas del comportamiento de estos alumnos disruptivos pueden ser muy diversas y abarcan desde aspectos sociales o de relación a psicológicos, motivacionales o bien otras causas más de tipo fisiológico o incluso médico. No voy a entrar en dichas causas, sino que quiero centrarme en las características que definen una conducta disruptiva, también denominada como "violencia de baja intensidad" por Pedro Uruñuela (2016), quien enumera así las características que tienen las conductas disruptivas:

- Son conductas que de forma consciente o inconsciente tratan de impedir que el profesor o profesora pueda dar la clase con normalidad.
- Son conductas de indisciplina y que van contra las normas.
- Su consecuencia más inmediata es el retraso en el proceso de enseñanza y aprendizaje, porque el profesor dedica mucho tiempo a poner orden.
- Generan un clima de aula inadecuado con mucha tensión y en el que es difícil realizar la labor docente.
- Desestabilizan y pueden llegar a romper las relaciones de convivencia entre profesores y el grupo de estudiantes.

Asímismo, Uruñuela realiza un análisis más profundo de las posibles formas que adopta este tipo de comportamientos y expone los resultados de una investigación que realizó, en varios centros educativos, sobre los partes de expulsión del aula del alumnado disruptivo. En base a los resultados clasifica las diferentes conductas en dos tipos:

- *Conductas contra el aprendizaje*:
  - Pasividad: alumno que no hace nada, se duerme en clase. Se niega al aprendizaje.
  - Molestar continuamente: hablar, levantarse, cantar, interrumpir.
  - Absentismo: llegar tarde reiteradamente, no asistir muchos días.
- *Conductas contra la convivencia*:
  - Faltas de respeto: al profesor, a los compañeros, insultos, etc.
  - Conflictos de poder: intentar quedar por encima del profesor, de los compañeros, no cumplir las normas ni las sanciones.
  - Violencia puntual hacia compañeros de bajo impacto: física, psicológica, vernal, social, sexual.

Este tipo de conductas definen al estudiante disruptivo que puede mostrar una o varias de ellas. También puede hacer unas conductas unos días y otras al día siguiente o cambiar la conducta según el profesor o profesora con quien tenga la clase. Su objetivo siempre es el mismo, desestabilizar al docente y boicotear la sesión de clase.

¿Qué hacer ante un caso de disrupción en el aula?

Si tenemos un alumno o alumna con estas características, ¿cómo debemos actuar? ¿Qué podemos hacer? Lo primero que quiero destacar es que he utilizado el verbo en plural y no en singular en estas preguntas ya que la disrupción en el aula puede afectar a uno o varios profesores, casi nunca a todos, pero no es un problema individual de un profesor u otro, sino que es un problema de todo el equipo docente del estudiante. Si la búsqueda de estrategias de gestión y la definición de las que se van a utilizar no es consensuada por todo el equipo de profesores, será muy difícil que tengan éxito en esta forma de conflictividad escolar.

Una vez que tenemos claro que es el equipo docente quien debe buscar las posibles soluciones, deberíamos empezar por analizar los datos que tenemos o podemos conseguir. Debemos investigar sobre la reiteración de la conducta, es decir, si se produce en todas las clases o sólo en algunas de ellas. El estudio de los partes de expulsión del estudiante disruptivo debe ser nuestro primer elemento para la recogida de datos. ¿En qué clases se producen los comportamientos? ¿Con profesores? ¿Con profesoras? ¿Con cuáles? ¿En qué horarios? ¿Cuál es el perfil docente del profesor? ¿Cuál es la metodología de aula?

Podemos diseñar una ficha de observación de conducta en la que el profesor apunta o marca los comportamientos que ha tenido el alumno durante la clase, en un periodo de una o dos semanas. También se pueden incluir elementos sobre sus reacciones ante cuestiones como la aplicación de las normas, los gritos, la voz calmada, el razonamiento, el interés demostrado por algo, etc.

En virtud de los datos recopilados, y sobre todo con el trabajo en equipo del profesorado que reflexionan sobre las informaciones recogidas, unido a sus experiencias personales y profesionales en este caso y en otros, será el momento de decidir la estrategia que vamos a utilizar para gestionarlo.

En la mayoría de los casos, se tratará de diseñar un protocolo de actuación que todos los profesores deben realizar lo más estrictamente posible. Se trata de enviar un mensaje al estudiante disruptivo que diga "estamos coordinados y actuamos como uno solo". Establecemos unas normas y una forma de actuación única con ese alumno. Para que sea efectivo y tenga éxito, no puede haber diferencias, el protocolo no puede depender de la metodología ni de la forma de afrontar las clases que tiene el profesor, ni siquiera de su visión de la educación. Por eso el compromiso de todo el equipo docente es imprescindible antes de ponerlo en práctica.

TIPO DE COMPORTAMIENTO	ACTUACIÓN INMEDIATA *Fases/Grados*	OBSERVACIONES
– No quiere sacar el material para trabajar en clase. – Habla constantemente con otros. – Trata de romper el ritmo de la clase de forma continuada. – Se mete con otros compañeros-as. – Levanta la voz. – Se levanta y se mueve por la clase sin permiso – etc....	Acercarse a él y llamarle la atención de forma individual. *(Advertencia)*	Para llamarle la atención es mejor acercarse al alumno de forma tranquila y sin levantar el tono de voz. Comentarle la conducta que no debe hacer en base a las normas del centro. En caso de réplica por parte del alumno dejarle expresarse y volver a repetirle los mismos argumentos basados en las normas, no entrar en más discusión. *(Técnica asertiva del disco rayado).*
El alumno detiene su comportamiento	Al finalizar la clase reseñar la incidencia del tipo de comportamiento en el sistema del centro o en la hoja de observación.	
El alumno persiste en su comportamiento	Dirigirse al delegado de curso para que busque un profesor de guardia o alguien del Equipo Directivo que haga salir al alumno del aula. *(Expulsión)*	El alumno deberá salir del aula con alguna tarea que realizar: copiar, hacer ejercicios, lectura, etc.
	Dejar constancia en un parte por escrito del comportamiento_ del alumno, su sanción y las tareas que deberá realizar. Se puede hacer al finalizar la clase.	

¿Cómo realizar una advertencia correctamente?

Ante de pasar a exponer el caso de Mediación Escolar, es importante explicar cuál es la técnica para realizar correctamente una advertencia sobre un estudiante cuya conducta ha pasado de ser levemente molesta, a convertirse en algo que impide el normal desarrollo de la clase y que la obstaculiza por su intensidad y reiteración.

Para esto quiero seguir a uno de los mayores expertos en este campo, el profesor Juan Vaello Orts quien nos dice cuáles deben ser las condiciones de una advertencia para ser eficaz:

- *Breve:* Es mejor un gesto que una frase corta y mejor una frase larga que un discurso.
- *Privada:* Aproximarse al estudiante y hablar sin levantar la voz o con el gesto.
- *Relajada*: Las formas agresivas suelen reforzar la conducta disruptiva.
- *Única:* Si la repetimos demasiado perderá eficacia.
- *Positiva:* Se trata de resolver el problema, no generar más. Si se detiene la conducta paramos la advertencia.
- *A tiempo:* Antes de estallar.
- *Sin discusiones:* No entrar en debates y, si son necesarias explicaciones, realizar un aplazamiento asertivo para dárselas en otro momento.
- *Descriptiva*: Ceñirse a los hechos especificando la conducta a rectificar, sin ambigüedades u otras informaciones de otros días.
- *No amenazar:* Se trata de ayudar para que la conducta no tenga consecuencias sancionadoras mayores. El tono de voz y el lenguaje corporal es fundamental para evitar que lo que se le dice al alumno suene como amenaza.
- *Firme y creíble*: El alumno debe percibir que el profesor "va en serio".

Un caso de disrupción resuelto con un proceso de Mediación Escolar

La existencia de profesorado formado en Mediación Escolar en el centro educativo facilitará la gestión de los conflictos disruptivos en el aula. Sin duda un profesor o profesora que es capaz de utilizar las habilidades y técnicas de la mediación para "desarmar" una situación de violencia de baja intensidad en la clase, ayudará en muchos casos a que estos problemas no se repitan demasiado, al menos en su clase. Además, podrá ayudar a otros compañeros docentes dándole ideas y posibles formas de actuar ante esas situaciones.

Esta hipótesis la he podido comprobar durante muchos años en la práctica diaria al ver cómo el profesorado que no tiene ninguna formación en resolución de conflictos suele tener serios problemas con este tipo de alumnado. Tanto el profesorado joven y más nuevo, que no recibe formación alguna en sus estudios superiores, como el profesorado más experto que sigue pensando que su única función es transmitir conocimientos y desarrollar un currículo, suelen tener mayores problemas en el control de las conductas contrarias a la convivencia en el aula.

No todos los casos de disrupción son mediables en los centros escolares. Cuando el estudiante es disruptivo constantemente, en todas las clases y con todos los profesores, la mediación no tiene sentido y tendremos que utilizar otras estrategias o protocolos.

Si los hechos se producen con un solo profesor o profesora, entonces podemos intentar una gestión a través de un proceso de mediación como el que os explico a continuación de manera resumida:

Caso resuelto

Versión del alumno: *"Yo empecé a hablar en clase y Sofía me expulsó. A la clase siguiente hablé, pero no como la clase anterior. Ella también me expulsó y no me pareció justo. Solo se fija en mí y no en los demás que también hacen lo mismo. A las clases siguientes hablé, para molestarla, me volvió a echar. Me dio una hoja para hacerla en el aula de expulsión y yo contesté en esa hoja de malas maneras".*

Versión de la profesora: *"Ismael no para de hablar en clase y no trabaja. Se dedica a entretenerse y entretener a los demás. Algunos días ha hecho las tareas, pero los días que le he tenido que expulsar, no. Hablando con él en privado dice que lo comprende y lo entiende y después de hablarlo está mucho más centrado en clase. De todas formas, la mediación siempre viene bien para hacer tratos y comprometerse de manera firme en ello".*

Una vez realizada la mediación en la que intervienen dos mediadores, una profesora y un alumno del Equipo de Mediación, se llega a un acuerdo que paraliza la aplicación de las sanciones que el alumno tenía pendientes por su comportamiento. Por otro lado, el acuerdo será evaluado por los mediadores en un plazo de veinte días lectivos para certificar su cumplimiento.

El acuerdo: El alumno se compromete a realizar todas las tareas, atender en clase e intentar no hablar sin permiso. La profesora se compromete a no presionar tanto al alumno y darle un voto de confianza, no estando tan pendiente de él.

© narcea, s.a. de ediciones

La revisión del acuerdo certificó su cumplimiento y el alumno cesó en su actitud. La profesora pudo dar sus clases sin la tensión que le suponía estar pendiente todo el tiempo de este estudiante.

Conflictos de bullying: prevención e intervención

La complejidad del fenómeno del bullying como conflicto escolar nos obliga a una formación específica para poder abordarlo adecuadamente desde un sistema de mejora de la convivencia basado en las estrategias de la Mediación Escolar. No solo es importante conocer una definición concreta, sino que en este caso el conocimiento de las características, los elementos y las personas que implica un conflicto con esta tipología, es fundamental para poder abordarlo hacia su resolución:

> "Un alumno es agredido o se convierte en víctima cuando está expuesto, de forma repetida y durante un tiempo, a acciones negativas que lleva a cabo otro alumno o varios de ellos" (Olweus, 1998).

Esta definición de Olweus en 1998 nos explica de manera sencilla algunos de los principales elementos de este tipo de conflictos escolares: la víctima, la reiteración en el tiempo de la conducta y el igual o iguales que realizan las acciones agresivas o violentas.

Características y tipologías del acoso escolar o bullying

El acoso se inicia, generalmente, cuando una persona se fija en otra a la que escoge como víctima. Las motivaciones para elegirla son tan diversas como la propia diversidad que representan las relaciones humanas, pero en casi todos los casos existe un componente relacionado, en mayor o menor medida, con el poder. Las *características* más definitorias del bullying podemos resumirlas en las siguientes:

- Conducta agresiva intencional, habitual, persistente, sistemática y personalizada.
- Desequilibrio de fuerzas y/o poder entre las partes. Indefensión de una de ellas.
- Se trata de un fenómeno de grupo.
- La agresión permanece oculta, secreta o desconocida para los adultos.

En cuanto a las *tipologías* también existe un acuerdo entre los autores sobre las formas más habituales en las que se presenta este tipo de conflictos en el entorno escolar:

- *Verbal:* insultos, humillaciones o amenazas.
- *Físico:* golpes, zancadillas, pinchazos, patadas, o bien hurtos o estropeo de los objetos propiedad de la víctima.
- *Social:* exclusión, ninguneo, difusión de rumores y calumnias contra la víctima, Redes Sociales.
- *Psicológico:* acecho, o gestos de asco, desprecio o agresividad dirigidos contra la víctima.

Podríamos incluir una nueva categoría entre esas cuatro que denominaríamos *Virtual* y que incluiría todo lo relacionado con el ciberbullying, el grooming, el sexting y el stalking. La diferencia entre el ciberbullying y el resto de las formas de poder-sumisión o violencia-sumisión que pueden darse en el espacio virtual online es que el primero es un conflicto entre iguales, el resto normalmente no lo es.

"Hablamos de ciberbullying cuando un niño o adolescente es atormentado, amenazado, acosado, humillado, molestado de una manera u otra por otro niño o adolescente mediante el uso de Internet, tecnologías interactivas y digitales o teléfono móvil" (Collell y Escudé, 2014).

Los protagonistas del bullying

En todo conflicto de acoso escolar tenemos tres tipos de personas implicadas: El acosador o acosadora, la víctima y el grupo de los espectadores y/o espectadoras.

Dan Olweus (2001) explica de manera gráfica los diferentes modos de actuar de los alumnos en un grupo cuando se está produciendo una situación de acosos escolar aguda. Se trata de un esquema sencillo que nos ayudará en el análisis del conflicto, sobre todo de los elementos relativos a sus protagonistas. Este análisis nos ayudará a planificar la intervención y también a prevenir futuras conductas de bullying gracias a la identificación de posibles agentes de ayuda o cambio.

Se ha escrito bastante sobre perfiles o características de personalidad, comportamiento, rendimiento académico, entorno social, rasgos de personalidad, etc., de estos tres protagonistas de los conflictos de bullying, intentando encajar a cada uno de ellos en un tipo de estudiante determinado.

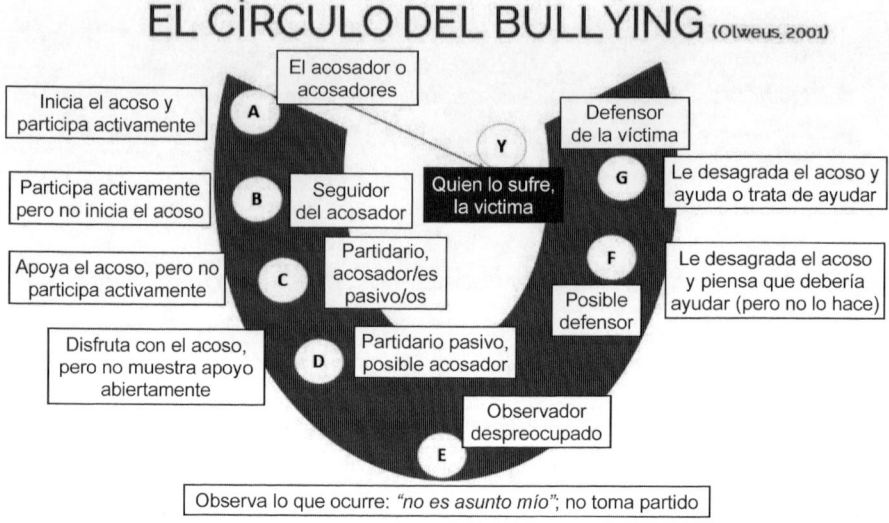

EL CÍRCULO DEL BULLYING (Olweus, 2001)

- **A** — El acosador o acosadores
  - Inicia el acoso y participa activamente
- **B** — Seguidor del acosador
  - Participa activamente pero no inicia el acoso
- **C** — Partidario, acosador/es pasivo/os
  - Apoya el acoso, pero no participa activamente
- **D** — Partidario pasivo, posible acosador
  - Disfruta con el acoso, pero no muestra apoyo abiertamente
- **Y** — Quien lo sufre, la víctima
- **G** — Defensor de la víctima
  - Le desagrada el acoso y ayuda o trata de ayudar
- **F** — Posible defensor
  - Le desagrada el acoso y piensa que debería ayudar (pero no lo hace)
- **E** — Observador despreocupado
  - Observa lo que ocurre: *"no es asunto mío"*; no toma partido

Hoy en día ese concepto de acosador violento, mal estudiante, de entorno desfavorecido, esa victima sin habilidades sociales, débil, con excelente rendimiento escolar, y esos espectadores pasivos y con miedo a ser victimizados, no se corresponde con la realidad de esta nueva era digital y de las nuevas relaciones que existen entre los jóvenes estudiantes. El entorno del acoso escolar ha dejado de ser, en muchos casos, un entorno físico de aula o de centro escolar para convertirse en un entorno virtual y transformarse en lo que se ha dado en llamar *ciberbullying* y en el que cualquier perfil se puede encontrar en cada uno de los protagonistas.

El fenómeno del bullying se está situando cada vez más en esa parte inferior invisible del triángulo de Galtung (ver figura y explicación en página 26 y siguientes), por lo que uno de los primeros pasos para poder detenerlo y resolverlo será hacerlo visible. En este sentido la existencia de un sistema de Mediación Escolar en una escuela, donde tengamos personas, sobre todo estudiantes, capacitadas en el análisis, detección y resolución de conflictos se convertirá en una herramienta de prevención y provención del bullying en un determinado estadio del caso, que veremos más adelante.

El grupo en los conflictos de bullying

La mayoría de los autores y expertos en el acoso escolar hablan sobre la importancia de los espectadores en la gestión de estos conflictos. La importancia del grupo, tanto si el bullying es más físico, de aula, en el centro educativo, o bien es más virtual, sigue siendo una de las claves para analizar bien y abordar este tipo de situaciones.

Gran parte de las pruebas de evaluación y detección de casos que se pueden realizar en una clase con estudiantes se basan en definir sociogramas de relaciones en el grupo. Si esta investigación se hace de manera preventiva y se detectan posibles casos, entonces se diseñan programas de intervención para trabajar de manera específica con el grupo, como un factor clave para resolver el caso.

A nivel práctico en nuestra intervención con el grupo también es muy interesante conocer los mecanismos que operan en las relaciones en los grupos y que pueden fomentar la participación de los compañeros en los actos de bullying que ha iniciado una persona o un pequeño grupo. Según Bisquerra (2014) estos elementos son:

1. La dilución de la responsabilidad individual en el grupo.
2. La desinhibición de las tendencias agresivas.
3. El contagio social, involuntario e irracional de un estado de ánimo, impulso o conducta.
4. Los cambios cognitivos graduales en la percepción de la víctima a la que se va despersonalizando y culpabilizando de lo que le pasa.

Estrategias de intervención

Son muchos los modelos y estrategias de intervención que podemos encontrar en la bibliografía tan extensa que existe sobre el tema del bullying, pero la mayoría se engloba en dos líneas de actuación básicas: la *prevención* o la *intervención*. Siguiendo el modelo que plantea la autora Rosa Serrate (2007) vamos a diferenciar tres niveles distintos de prevención– intervención, que ampliaremos con algunas aportaciones propias.

1. **Nivel primario**: Son acciones metodológicas concretas que intentan que las conductas de acoso no aparezcan en la escuela. Es un nivel preventivo. Las actuaciones se pueden incorporar al desarrollo del currículo y a la formación de la Comunidad Educativa en temas relacionados con la convivencia escolar. Se pueden trabajar contenidos específicos en algunas asignaturas, cambios hacia metodologías de aula más cooperativas, trabajo en las sesiones de tutoría, en el plan de acción tutorial o desarrollar programas de mejora de la convivencia escolar, como por ejemplo la formación en mediación para un grupo de estudiantes, profesores y padres.

2. **Nivel secundario**: Detección y gestión de casos para intentar limitar su duración y resolverlos. Se trata de Intervenir específicamente y gestionar casos a nivel individual y a nivel de grupo. Es importante la existencia de protocolos de actuación específicos en el centro educativo. En este nivel es donde sistemas como la formación en Mediación Escolar y la existencia de mediadores estudiantes, profesores y padres es una de las estrategias que autores como Cowie y Sharp (1996) consideran adecuadas para la resolución de los casos de acoso escolar. Estos dos expertos plantean tres formas diferentes de colaboración de los estudiantes formados en Mediación Escolar, que serán utilizadas según las características del caso, de su nivel de conflictividad, de las personas implicadas, etc.: a) los alumnos ayudantes; b) el alumno-orientador o alumno-mentor; y c) los mediadores escolares.

3. **Nivel terciario**: En casos confirmados trataremos de realizar programas de intervención individual o grupal, para evitar la reaparición del caso, estabilizar la conducta agresiva y hacer que desaparezca. Es posible que en este nivel sea necesaria la intervención de personal experto, externo al centro educativo, que realice intervenciones más de tipo psico-social que meramente educativo. También pudiera ser necesaria la intervención por parte de la Administración Educativa correspondiente, de los servicios sociales, de las autoridades policiales o de las fiscalías de menores en su caso.

¿Qué pueden hacer los mediadores en la prevención del bullying?

Ya hemos visto cómo, tanto en el nivel primario preventivo como en el secundario más de intervención, el papel de los estudiantes formados en Mediación Escolar podría ser fundamental para la gestión de posibles casos de bullying. Algunas de las directrices que les daríamos a los mediadores escolares en su formación específica para la detección de esta tipología de conflictos escolares serían:

1. Observar qué personas pueden ser posibles víctimas, sabiendo las características que presentan en general.

2. Detectar a tiempo, en el inicio, posibles casos de acoso.

3. Escuchar, ayudar y aconsejar a compañeros que pueden estar en esta situación sobre las formas de actuar en estos casos. Algunas técnicas que los mediadores podrían enseñar a las posibles víctimas serían:

- No te encojas.
- Busca contacto visual.
- Amable, pero no sumiso.
- No te rías cuando otros te pongan en ridículo.
- No te insultes.
- Di claramente lo que quieres y lo que no quieres.
- No supliques para que te comprendan.
- Trata a los demás como quisieras que te tratasen a ti.

Primero auxilios para enseñar a posibles víctimas en el ataque de un acosador/a escolar

➡ Respira hondo.

➡ Guarda la distancia (separarse, levantarse).

➡ Rebaja tus pretensiones de contraataque rápido e ingenioso.

➡ Tómate tiempo; ten calma.

➡ Elige la opción más fácil.

---

4. Comunicar a un adulto la posible existencia de estos casos tanto en el espacio físico como en el virtual: a un profesor, a un miembro del Equipo de Mediación, al Tutor, a la Jefatura de Estudios, al Orientador o psicólogo, etc.

Son muchas las variables que es necesario analizar en los conflictos de bullying y esto nos obliga a tener no sólo una formación específica sino también protocolos, planes y estrategias para abordarlos. Los centros escolares que no desarrollen alguna de estas acciones podrán verse desbordados por casos con esta tipología.

Tener un sistema de Mediación Escolar es un elemento formativo, preventivo, proventivo y de gestión que puede ser la diferencia entre el éxito o el fracaso en los casos de acoso escolar o bullying.

8

Emociones
y conflicto

Quiero concluir esta segunda parte del libro incorporando teoría y práctica sobre una cuestión que requiere un mayor nivel de comprensión y que yo dedicaría a la capacitación de los mediadores adultos y, en pocos casos, lo trabajaría con los estudiantes.

Comenzaré intentando ahondar en el conocimiento más profundo de las emociones de las personas que tienen un conflicto y que acuden buscando nuestra ayuda para la mediación. Se trataría de saber analizar y también saber actuar ante esas emociones. Finalizaré con un análisis y reflexión sobre cómo la capacitación de estudiantes en Mediación Escolar, desde un modelo o una perspectiva transformativa y educativa, consigue desarrollar competencias a nivel emocional, ética y ciudadana de aquellos alumnos y alumnas que la reciben.

La gestión de las emociones en los conflictos: contener y reducir el conflicto

En este apartado hablaremos de las formas de contener los conflictos, de cómo detenerlos hasta que exista un posible proceso de resolución o una mediación, y también de un tema muy interesante, y poco mencionado, que es la necesidad de los mediadores y las mediadoras de saber identificar las emociones de las personas en conflicto y aplicar acciones específicas, en función de cada una de las emociones detectadas. Tomaré como referencia principal el trabajo del Dr. Josep Redorta, (2007) uno de los mayores especialistas mundiales en la gestión de conflictos. Su libro es una herramienta muy práctica y adecuada para la formación, en un nivel superior, de los mediadores escolares y de los especialistas en mediación.

Quiero centrarme en tres aspectos que me parecen muy útiles en el contexto escolar, que cualquier docente podría emplear en sus tareas diarias en las escuelas de cualquier lugar y que todo mediador o mediadora escolar debería conocer y controlar. Seguiré el modelo que plantea Redorta pero lo iré enfocando hacia la labor de los mediadores y mediadoras. Hablaremos de las fases de intervención para desescalar y reducir un conflicto, después trabajaremos sobre las "funciones de contención" del conflicto cuando se produce y, por último, nos acercaremos a la gestión de las emociones en el conflicto según el modelo de Redorta, Obiols y Bisquerra (2006).

Fases para reducir el nivel o desescalar un conflicto

En los conflictos entre personas se produce siempre una pérdida de confianza entre las partes que impide la vuelta a una comunicación normalizada y que requiere de un proceso de "reconciliación" que exige poner en práctica mecanismos profundos a nivel psicológico como son el perdón, la necesidad de compartir la culpa, el arrepentimiento o el deseo de superar la situación. Los mediadores deben conocer estos mecanismos y deben saber que llegar a esos elementos de reconciliación, requiere de un proceso en varios pasos:

1. *Restablecer la comunicación*: Una de las partes debe dar señales a la otra de querer arreglar el conflicto e iniciar de nuevo la comunicación. Hacer esto directamente es casi imposible cuando el conflicto está escalado y es ahí donde comienza la función de los mediadores que hablan con las partes para saber sobre su intención de arreglar el problema. Se establece un primer puente de comunicación entre ambas personas gracias a los mediadores.

2. *Descubrir lo común*: En todo conflicto entre personas siempre hay intereses comunes y esa es una de las principales tareas que tienen los mediadores, descubrirlos. Buscar las semejanzas por encima de las diferencias, aquellas cosas que necesitan ambas partes y que nos permitirán por un lado desescalar el conflicto y por otro generar clima de diálogo, confianza, esperanza y perdón.

3. *Establecer reglas y acuerdos*: Hay dos momentos de establecimiento de normas o reglas en la mediación. El primero es cuando presentamos el proceso ante ambas partes, las normas. El segundo cuando establecemos un acuerdo final con una serie de puntos que deben de cumplirse y revisarse en un tiempo determinado y acordado.

Funciones de contención del conflicto

En los centros escolares la convivencia y los conflictos son parte de su naturaleza como microsociedades en las que personas de una gran diversidad de edades, procedencias, nacionalidades, creencias, valores, estratos sociales, etc., se relacionan a diario durante más de nueve meses al año. Es este contexto los conflictos surgen a diario y los profesionales de la educación deben estar preparados para enfrentar estas situaciones. Redorta, siguiendo el modelo de William Ury de la Universidad de Harvard, plantea tres elementos para la contención de los conflictos en un primer momento:

1. *Estar presente*: Aquellos conflictos que no se ven son mucho más complejos de solucionar porque solo los detectamos cuando ya han escalado mucho y explotan o se extienden a otros contextos diferentes al escolar. Los profesores y profesoras no pueden estar presentes en todas partes, por lo que disponer de estudiantes formados en Mediación Escolar que sean capaces de detectar a tiempo los conflictos y hacer una primera intervención o simplemente avisar de su existencia, puede ser la diferencia entre una buena convivencia escolar y un clima donde los conflictos van muy por delante de la convivencia diaria y nos sentimos desbordados.

2. *Marcar las reglas*: Se trataría de establecer unos primeros acuerdos que ayuden a realizar un aplazamiento lo más asertivo posible del conflicto. La aceptación o al menos que las partes no cierren la posibilidad de aceptar un proceso de mediación es clave para conseguirlo.

3. *Capacidad de recurrir al poder externo*: La existencia de un poder superior a ambas partes puede parar un conflicto. El profesor en el aula, la dirección del centro, mediadores, etc. También podría ser una tercera parte totalmente externa al conflicto, "pero con capacidad de acción entre las partes desde una posición de poder relevante y creíble" (Redorta, 2007).

Modelo de gestión de las emociones en el conflicto

Las emociones en situaciones de conflicto adquieren una intensidad que supera en mucho su expresión normal en la vida diaria. El modelo que voy a resumiros parte de la base de que *las emociones personales se regulan y las emociones de otros se gestionan*. Es en esta segunda acción donde los medidores tienen que poner el foco y aprender lo que los autores del modelo denominan "lectura de emociones", es decir: "se trata de saber reconocer las emociones más relevantes y tener claro cómo actuar ante las mismas" (Redorta, 2007)

GESTIÓN DE LAS EMOCIONES

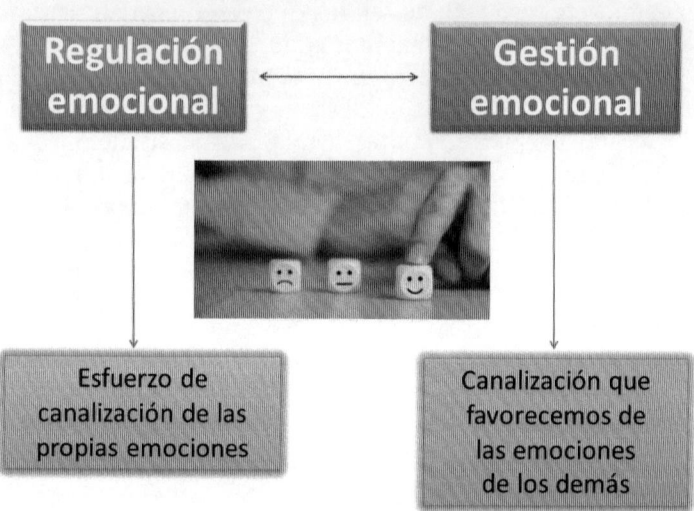

Fuente. Redorta, Obiols y Bisquerra (2006)

Este modelo de gestión de las emociones tiene dos elementos principales:

- Identifica un número predeterminado de emociones que se consideran relevantes para la gestión de situaciones emocionales, sobre todo en situaciones de conflicto.

- Orienta el curso de la acción que debemos realizar ante situaciones emocionales de otras personas.

En este punto es importante incorporar un concepto del que nos habla el profesor Redorta y es el de la "lógica borrosa", que creo es de suma importancia a la hora de aplicar el modelo por parte de los mediadores en procesos de resolución de conflictos. Este concepto se explica por la falta de precisión que puede darse en la identificación de las emociones. La pureza de estas no es clara en muchos casos y gracias a este concepto de lógica borrosa, aquello que tenemos definido de manera lógica en una clasificación, que luego veremos, a la hora de su aplicación debemos ser flexibles, como siempre en mediación, y pensar que a veces una emoción bien leída puede ser también un grupo de varias emociones. Por lo tanto, no es útil acercarse pretendiendo una total precisión a algo que en su esencia es variable e impreciso.

Debemos apoyarnos en nuestros procesos mediadores tanto en la parte lógica de este modelo, como también en esta idea de imprecisión que puede tener y que nos dice que los matices son muy importantes y deben ser tenidos en cuenta.

Identificación de las emociones y acciones a realizar

El modelo presenta un total de diez emociones y las acciones que debemos tener interiorizadas como mediadores para conseguir resultados efectivos en la gestión emocional de la situación de conflicto.

MODELO DE EMOCIONES Y SUS ACCIONES CORRESPONDIENTES

EMOCIÓN	ACCIÓN
Ira	Calmar/Desplazar
Miedo	Comprender/Proteger
Tristeza	Cuidar/Animar
Interés	Ayudar/Explorar
Sorpresa	Orientar/Prevenir
Alegría	Comprender/Compartir
Disgusto	Explorar/Orientar
Envidia	Evitar/Explicar
Culpa	Reducir/Desviar
Admiración	Reflexionar/Seguir

Redorta, Obiols y Bisquerra (2006)

Para finalizar, no quiero olvidarme de destacar la total conexión de la "lectura de las emociones" con la comunicación no verbal (Redorta, 2007). Los mediadores deben ser capaces de hacer también una lectura del lenguaje corporal de las partes, que les ayudará en gran medida a definir su estado emocional.

> *Los estudios de comunicación han puesto de manifiesto que cuando existe una contradicción entre el mensaje verbal y el no verbal, prevalece el no verbal (Redorta, 2007).*

© narcea, s.a. de ediciones

La educación emocional, ética y ciudadana de los mediadores escolares

La mediación en el ámbito de las escuelas va más allá de la intervención en la gestión y resolución de los conflictos. La incorporación de programas de mediación escolar en un centro educativo crea una estructura de desarrollo de competencias sociales, emocionales, éticas y ciudadanas que en la mayoría de los casos no se trabajan desde el currículo oficial, y que responde a una concepción fundamentada en dos elementos:

- *El paradigma de la paz* entendido como un conjunto de principios y valores como el respeto a los derechos humanos, la democracia, la tolerancia, la promoción del desarrollo sostenible y la educación para la paz.

- *Un modelo transformativo de mediación centrado en el empoderamiento* de las personas, su desarrollo emocional, personal y moral y la mejora de la sociedad.

En este apartado final del capítulo quiero centrarme en el segundo de estos elementos que suele ser el marco general o modelo en el que se asientan la mayoría de los programas de mediación en los centros escolares. Veamos algunas consideraciones sobre cómo su implementación puede ayudar en esa formación y desarrollo emocional, social y ético de nuestros estudiantes y también del resto de la Comunidad Educativa.

Competencia social, prevención de conflictos y mediación escolar

Las personas que se forman en mediación interiorizan una serie de valores, habilidades y actitudes que las cambian, y que las transforman necesariamente para poder actuar como mediadores:

- Los conflictos se perciben como algo positivo y que ayuda a la mejora y el aprendizaje. Se transforman situaciones destructivas en oportunidades de crecimiento personal.

- Una de las partes más importantes de la formación en mediación radica en trabajar emociones, pensamientos, percepciones y habilidades dentro de las relaciones cotidianas. Los estudiantes aprenden, desarrollan y utilizan habilidades valiosas en y para la vida diaria.

- La mediación contiene herramientas que requieren modalidades de pensamiento creativo, reflexivo y crítico. Habilidades de comunicación, expresión de emociones y sentimientos, responsabilidad, autodeterminación, conocimiento y valoración de uno mismo y de los otros.

■ En la formación en mediación se ponen en juego de manera integrada elementos cognitivos, socioafectivos y también éticos.

■ El éxito de la mediación desde la perspectiva transformativa no radica tanto en llegar a un acuerdo como en provocar situaciones y crear contextos o climas de relación y aprendizaje que de otra forma no tendrían lugar.

Estos elementos configuran la mediación a nivel escolar como un sistema de gestión de conflictos, pero sobre todo como un sistema de prevención activo y específico de los conflictos escolares que Cascón (2008) denominó "provención" y que se basa en el desarrollo de una serie de habilidades y estrategias en los estudiantes, como hemos visto, para afrontar adecuadamente los conflictos y que además consigue el desarrollo de otros objetivos más globales del entorno escolar:

■ Crear ambientes y climas escolares de aprecio y confianza y más inclusivos, de manera que nadie se sienta excluido.

■ Favorecer la comunicación y la toma de decisiones por consenso.

■ Trabajar la cooperación como estrategia básica de resolución de conflictos y de refuerzo de la convivencia.

■ Establecer con carácter previo mecanismos de resolución de conflictos como la mediación escolar.

Todo lo anterior estimula de manera importante una cultura de convivencia escolar pacífica, y basada en el aprendizaje de habilidades personales y grupales, que empoderan a las personas y las dotan de los suficientes recursos propios, en forma de competencias sociales y cívicas, que les ayudarán a gestionar en positivo sus conflictos relacionales tanto en el ámbito escolar como en su vida personal.

En este sentido Boqué (2007) nos habla de los objetivos a conseguir cuando la finalidad de la mediación escolar es la formación:

■ Apreciar la importancia de las relaciones interpersonales

■ Descubrir oportunidades de crecimiento personal en las situaciones de conflicto

■ Desarrollar conocimientos conceptuales, procedimentales y actitudinales para aprender a vivir y a convivir

Desarrollo emocional y mediación escolar

Las emociones y los sentimientos están presentes en todos los conflictos entre personas. Su conocimiento, comprensión y valoración por parte de los mediadores es fundamental para poder acercarse de manera adecuada a cualquier conflicto. Aprender a valorar los propios sentimientos y emociones y los de los demás, es imprescindible para poder desarrollar habilidades de ayuda en la transformación de los conflictos.

Es indudable que la formación en mediación escolar desarrolla la competencia emocional de las personas en un conjunto de capacidades concretas:

- *Los mediadores aprenden estrategias asertivas:*
  - Saben expresar emociones, necesidades y sentimientos de manera adecuada.
  - Como medidor o mediadora se aprende a dar y recibir críticas constructivas.
- *Los mediadores toman conciencia de las emociones:*
  - Aprenden a reconocer los sentimientos propios, de los otros y sobre todo en situaciones conflictivas.
  - Toman conciencia de cómo las emociones y los sentimientos inciden en el comportamiento.
  - Comprenden que hay diferencia entre los sentimientos internos y las expresiones externas.
- *Los mediadores aprender a autorregular sus sentimientos:*
  - Son capaces de canalizar y reconducir emociones propias y de otros en algunos casos.
  - Aprenden a afrontar las emociones negativas de manera que duren menos tiempo y sean menos intensas porque son competentes para analizarlas correctamente y buscarles una salida.
  - Desarrollan habilidades para generar emociones y sentimientos positivos.
  - Son capaces de tener paciencia en situaciones complejas de la vida como son los conflictos.
- *Los mediadores desarrollan empatía*: No se trata de que el mediador haga suyos los sentimientos de las personas sino de saber observarlos, analizarlos, sentirlos y comprenderlos desde una posición empática que se transmita.

Existe un consenso muy alto en considerar que las emociones y los sentimientos tiene un impacto enorme en los procesos de mediación. Si preguntamos a estudiantes mediadores, muchos de ellos y ellas nos dirán que cuando las partes han expresado sus sentimientos y el otro los ha entendido, es ahí donde el conflicto comienza a tener un camino para su resolución. La utilización de técnicas como la *reformulación*, el *parafraseo* o el *resumen*, que ayudan a transmitir la comprensión de esos sentimientos que las partes nos cuentan, son imprescindibles en ese momento del proceso mediador.

Podemos afirmar que los mediadores se convierten en verdaderos gestores emocionales durante el proceso y por eso es de suma importancia su correcta formación emocional y capacitación en el análisis y gestión de las emociones y los sentimientos, propios y de otros.

También quiero resaltar la importancia que tienen las propias emociones del mediador o mediadora durante el proceso de mediación. Es fundamental que su actitud sea positiva incluso en los momentos más oscuros y críticos, destacando en todo momento los progresos conseguidos y mostrándose persistente en la búsqueda de una solución que satisfaga las necesidades e intereses de ambas partes.

Desarrollo ético y mediación escolar

Resulta complicado hablar de ética o de valores en estos tiempos de la inmediatez y de la virtualidad, pero quizás es más necesario que nunca contar con estrategias educativas que puedan ayudarnos a los educadores a desarrollar estas competencias en los estudiantes del siglo XXI. La formación en mediación escolar y en resolución positiva de conflictos trabaja todas las habilidades que ya hemos comentado y también ayuda al *desarrollo ético de las personas que se forman como mediadoras* y, en otra medida, de las personas que pasan por un proceso mediador en esa concepción transformadora de la que hemos partido en este capítulo. Veamos, a continuación, algunos de estos elementos

■ Investigaciones sobre esta cuestión, realizadas por Heydenberrk et al. (2003,) concluyeron que el entrenamiento en resolución de conflictos en los estudiantes afectaba positivamente al razonamiento ético y moral y sobre todo permitía, en un conflicto, el paso de una perspectiva egocéntrica, centrada en la superficialidad y los pensamientos polarizados, a una perspectiva social, en la que aumentaba el sentido de la responsabilidad y la autorregulación y se consideraba si las propias decisiones afectaban a los demás.

- Otro elemento de desarrollo ético personal que tiene el aprendizaje de la mediación es el concepto de respeto hacia los demás. Tanto la formación como el proceso de mediación llevan a las personas a ponerse en el lugar del otro y a reconocer sus singularidades y su perspectiva de la situación, que permite ver también elementos positivos en sus posiciones y no solo aspectos negativos. Este aspecto también contribuye de manera importante en la gestión de conflictos que tienen elementos interculturales en su dinámica.

- Las personas en conflicto que acuden a mediación lo hacen admitiendo sus limitaciones para gestionar el problema, pero sin sentirse culpables y aceptando la necesidad de que otra persona les ayude para poder tomar distancia del conflicto, de sus emociones y evitar el bloqueo para salir adelante.

- La resolución debe pasar por un acuerdo en el que ambas partes colaboran y cooperan necesariamente y esto es considerado, por autores como Auberni (2007), como un elemento de solidaridad, ya que dicho acuerdo implica cierta renuncia personal para el beneficio de los dos.

- Otro aspecto de desarrollo ético a partir de la mediación es la necesaria confidencialidad de todo el proceso. Que los estudiantes sean capaces, durante la mediación, de respetar la intimidad propia de cada persona que expresa sentimientos, valores, emociones, aspectos de su vida, etc., representa una toma de conciencia del derecho a proteger esa intimidad de cualquier intromisión externa al proceso. Además, capacita a los mediadores para saber diferenciar entre la información necesaria que se debe aportar y aquella que no resulta relevante, por ejemplo, después de haber realizado sesiones de premediación o caucus por separado con cada persona donde se produce esa descarga emocional inicial.

- La participación activa de los estudiantes en los equipos de medición escolar mejora en gran medida su concepto de pertenencia al centro educativo porque les otorga un mayor nivel de responsabilidad en la gestión de la convivencia, y transforma actitudes conformistas y pasivas en otras mucho más reivindicativas en la lucha por lo justo evitando, por ejemplo, posturas de pasividad ante conflictos escolares que muchas veces permanecen ocultos. La red de personas atentas a la convivencia escolar que genera un sistema de mediación es la herramienta preventiva más potente que puede existir en un centro educativo.

Para finalizar me gustaría citar a Torrego (2006) sobre la cuestión del aprendizaje moral y la mediación escolar como catalizador que "permite la transferencia de capacidades morales a situaciones nuevas mediante la formación de hábitos y desarrollando un conjunto de prerrequisitos morales (…) como el autoconocimiento, la empatía, el juicio moral, la comprensión crítica o la autorregulación". Según Torrego, gracias a la mediación escolar se realizan prácticas morales porque se ponen en juego valores y bienes.

Por último, es importante tener claro que el impacto que pueden llegar a tener en un centro educativo todo lo que hemos desarrollado en este capítulo dependerá del nivel de compromiso y extensión del sistema de mediación escolar que implementemos. No será lo mismo trabajar solo con estudiantes que con toda la Comunidad Educativa. Este segundo modelo de incorporación de la mediación a las escuelas transforma no solo a las personas, sino a las propias instituciones educativas y a la sociedad (Boqué, 2003).

> *En ningún caso deberíamos renunciar a la oportunidad de legar una simiente de esperanza realista en las capacidades de cada una de las personas que participan alguna vez en la vida en un proceso de mediación. De ello depende que, en un futuro, esas mismas personas se sientan más capaces de actuar constructivamente en su entorno social.*

Casos Resueltos de Mediación Escolar

Si en la segunda parte de este libro, hemos hablado sobre los elementos más prácticos de la Mediación Escolar, fundamentados en mi experiencia y en la de diversos autores, en esta tercera y última quiero profundizar más en la realidad de la puesta en práctica de un sistema de mediación en un centro educativo. Dejamos ahora la teoría, la tenemos bien aprendida, y nos adentramos en casos reales que he podido mediar a lo largo de los años. En todos estos casos he trabajado con los Modelos de Documentos que pueden encontrarse el Anexo final de este libro.

Los diez casos relatados están ordenados de menor a mayor complejidad, tanto en las tipologías de los conflictos, como en la forma de explicar el desarrollo de las mediaciones. La primera fase, relativa a las normas que los mediadores exponen a las personas en conflicto, está resumida, pero es de suma importancia hacerla en su totalidad como viene descrita en el modelo de documento. En muchas ocasiones he visto fracasar procesos de mediación por haber minusvalorado esta primera fase en la que realmente se asientan las bases, se le da importancia y seriedad al proceso, se ordena el discurso de los mediadores y, además, se busca la comprensión y la aceptación de las partes. Esto último nos permitirá volver a repetirlas en caso necesario si alguna persona las incumple en algún momento de la mediación.

El objetivo es que esta tercera parte del libro sirva para asentar la teoría, las técnicas y todos los elementos que hemos visto hasta ahora. Son casos reales que podemos utilizar para hacer entrenamiento de mediaciones en formato role playing.

Descripción, seguimiento y resolución de cada Caso

Los 10 Casos que veremos en este capítulo tratan de clarificar una de las cuestiones que más dudas generan en los centros educativos, con relación a qué tipos de conflictos podemos solucionar con la Mediación Escolar.

Los primeros cuatro conflictos son consecuencia de las relaciones entre adolescentes y también entre estos y el profesorado. Son habituales y perfectos para la mediación.

En el quinto caso ya se incorpora un elemento nuevo que es las consecuencias a nivel familiar de un conflicto escolar.

En el caso sexto son las relaciones entre el profesorado las que se ponen en juego y las posibles consecuencias en el clima de trabajo si este tipo de casos no se resuelven. El siguiente es un tipo de mediación que podemos denominar como *espontánea* o rápida, trata de evitar un conflicto anunciado al finalizar las clases.

Los últimos tres conflictos son casos mucho más complejos y que han tenido consecuencias a nivel de relaciones personales, familiares y profesionales dentro del centro educativo y fuera de él. Estos casos necesitan de mediadores adultos muy bien formados en mediación para su abordaje pero que, con un sistema de Mediación Escolar bien asentado, es posible gestionarlos y solucionarlos.

> *Como mediadores, en todos los casos, debemos buscar el ancla en la que encontremos un punto de apoyo que lleve a la clarificación real del conflicto, al entendimiento y la empatía, y que ayude a las personas a encontrar la senda de la solución.*

Estos son los casos analizados:

- Caso 1. **¡Estoy harto de que me gasten bromas pesadas!**
  Un caso de mediación entre dos alumnos.

- Caso 2. **Le mandé una nota poniendo que nos había traicionado, pero no iba en serio, era una broma.**
  Un caso de mediación entre dos alumnos.

- Caso 3. **¡La profesora entró montando el lío y metiéndose con el trabajo que habíamos hecho mis compañeros y yo!**
  Un caso de mediación entre una profesora y una alumna.

- Caso 4. **Escribí esa nota antes de ser amigas.**
  Un caso de mediación entre dos alumnas.

- Caso 5: **¡Tu hijo le ha roto las gafas al mío y tiene que pagarlas!**
  Un caso de mediación entre dos madres de alumnos.

- Caso 6: **¡Siempre llegas tarde y yo hago tus guardias!**
  Un caso de mediación entre una profesora y un profesor.

- Caso 7: **¿Quién dices que se va a pelear a la salida?**
  Un caso de mediación rápida entre dos alumnas.

- Caso 8: **Éramos amigos de toda la vida en el pueblo, ahora nuestras hijas se han peleado y ni nos saludamos.**
  Un caso de mediación entre dos padres de dos alumnas.

- Caso 9: **¡A mí no me hables así, te voy a denunciar como sigas ha-blándome así!**
  Un caso de mediación entre el personal de limpieza del centro escolar.

- Caso 10: **Un caso complejo de Mediación Familiar desde el sistema de Mediación Escolar.**
  Un caso de mediación entre un hijo y sus padres.

Caso 1. ¡Estoy harto de que me gasten bromas pesadas!
Un caso de mediación entre dos alumnos

Durante el desarrollo de una clase, Félix le quita la silla al compañero que tiene delante (Andrés) cuando este se levanta; y al ir a sentarse de nuevo el alumno se cae de la silla. Cuando Andrés se levanta empieza a insultar al compañero que le ha quitado la silla, llegando a empujarle. Félix lo insulta a él también y se produce una pelea entre ambos.

El profesor estaba explicando en la pizarra. Cuando se vuelve, lo que ve es la pelea entre ambos compañeros. Como respuesta los separa, los expulsa de clase y les pone un parte de disciplina a cada uno.

Veamos ahora, paso a paso, algunos **momentos del proceso de mediación** que realizan un alumno y una alumna del Equipo de Mediación.

Fase 1: *Entrada y normas*

—¡Buenos Días! Nos llamamos Susana y Antonio, somos los mediadores

—Habéis decidido voluntariamente venir a mediación para solucionar el problema que tuvisteis.

—¿Vuestros nombres son? Andrés y Félix.

—Para poder ayudaros mejor, tenemos que establecer una serie de normas para esta sesión, que todos debemos respetar. Las normas son las siguientes (*se enumeran las normas*).

Los mediadores relatan las normas básicas y el funcionamiento del proceso de mediación, buscando la comprensión y la aceptación de las mismas por parte de las personas en conflicto.

Posteriormente se pasa a otro momento del proceso que consiste en que cada parte contará su versión del conflicto en presencia de la otra parte, que deberá escuchar y no interrumpir, como se les ha explicado en las normas.

Fase 2: *Cuéntame*

—Por favor, Andrés, puedes contarnos lo que sucedió el otro día en clase de inglés.

—Bueno, pues na…que Félix está siempre gastándome bromas pesadas, y ya estoy harto…El otro día en clase de inglés, estaba levantado y cuando me fui a sentar Félix me había quitado la silla, y me caí. Y como empezó a insultarme, pues yo no me quedé callado, así que le dije que era tonto, y que me dejara en paz.

Pero él seguía insultándome, y empezó a pegarme. Yo no hice nada y el profesor cuando nos vio nos echó a los dos de clase. ¡¡No es justo!!

—Por favor Félix, puedes contarnos tu versión de lo que sucedió el otro día en clase de inglés.

—¡¡Eso no fue lo que pasó!!! Yo estaba haciendo la tarea, y sin darme cuenta empujé un poco la silla de Andrés, pero muy poco, y cuando él se fue a sentar se calló, y lo hizo queriendo, para que me echaran las culpas a mí… Yo no empecé a insultarle ni a pegarle, empezó él al levantarse del suelo, me llamó tonto, imbécil, y se vino para mí a empujarme…Así que yo lo único que hice fue defenderme… ¡¡Estoy harto de que siempre me echen por su culpa…!!

Fase 3: *Situar el conflicto*

El proceso seguiría ahora con una fase de análisis del conflicto para poder aclararlo y también intentar ver los sentimientos que ha producido de cara a buscar momentos de empatía entre las partes, tarea muy complicada para los mediadores.

© narcea, s.a. de ediciones

Veamos un pequeño resumen de este momento.

—Andrés, ¿nos puedes aclarar un poco más cómo te caíste y qué te dijo Félix?

> —*Bueno…, yo estaba levantado y no vi que la silla no estaba en su sitio, así que al sentarme me caí al suelo. Entonces cuando me quejé, Félix se estaba riendo, y me dijo que era un llorica*

—¿Cómo te sentiste en ese momento?

> —*Pues me sentí mal, porque estaba toda la clase riéndose de mí. No es la primera vez que se ríen de mí, así que **estoy harto de que me gasten bromas pesadas**.*

—Félix, ¿puedes explicarnos mejor lo de la silla?

> —*Ummm…La verdad es que le di el empujón a la silla queriendo, pero creí que se iba a dar cuenta antes de sentarse…*

—Entonces, reconoces que la silla la empujaste queriendo, aunque creías que Andrés de daría cuenta antes de sentarse, ¿es así?

> —*Sí, así es como pasó.*

—Bueno, y ¿cómo crees que se sintió Andrés al caerse de la silla?

> —*Pues imagino que mal… Si me pasa a mí me hubiera enfadado mucho…*

A continuación, habría que seguir intentando aclarar el conflicto y ver si tiene raíces más profundas que el simple hecho que ha sucedido, es decir si tiene más historia de antes o solo es un momento puntual de conflicto entre ellos. Una vez que la estructura del conflicto esté clara podremos pasar a ver posibles soluciones y acordar alguna que sea realizable.

Fase 4: *Buscar soluciones*

—Andrés, ¿cómo piensas que puede resolverse este conflicto?

> —*Yo lo único que quiero es que deje de meterse conmigo, y que no me vuelva a gastar una broma pesada.*

—¿Hay alguna cosa más que creas que puedes aportar?

> —*Bueno, yo no debería haberme puesto así, no le debería haber pegado ni insultado.*

—Y tú, Félix, ¿cómo piensas que puede resolverse este conflicto?

> —*Yo no volveré a gastarle una broma así, pero no quiero que vuelva a insultarme ni pegarme.*

—Entonces Félix, ¿tú estás dispuesto a no gastarle más bromas a Andrés, ni a meterte más con él?

—Si él no se mete conmigo ni me pega, sí.

—Y tú Andrés, ¿serás capaz de no insultar a Félix ni de pegarle?

—Si él no me gasta bromas ni se mete conmigo, sí, lo haré.

Fase 5: *El acuerdo*

Por último, se llega a un acuerdo entre las partes, que por sencillo que parezca puede ser suficiente para que el conflicto entre estas dos personas no se reproduzca. Lo importante es que los dos alumnos hayan pasado por el proceso de la mediación y hayan podido escucharse y hablarse en un clima distendido y adecuado para comprender al otro, y buscar juntos una solución positiva y sin violencia.

—¿Entonces Tú Félix, estarías dispuesto a no gastar más bromas a Andrés y a no meterte con él?

—Sí, no lo haré más.

—Y tú, Andrés, estarías dispuesto a no insultar más ni a pegar más a Félix?

—Sí, no lo volveré a hacer.

—¿Con esto pensáis que quedaría solucionado el problema?

—Por mi parte sí, estaría bien así.

—Yo también estoy de acuerdo.

—¿Os parece bien a los dos esta solución

—Sí.

—Bueno, el proceso ha resultado muy bien y os damos la enhorabuena a ti Félix y a ti Andrés por el acuerdo al que habéis llegado. Gracias por habernos elegido como mediadores y esperamos haberos ayudado. ¿Os parece adecuado que redactemos el acuerdo y lo firmemos?

—Sí, de acuerdo.

Caso 2. Le mandé una nota poniendo que nos había traicionado, pero no iba en serio, era una broma
Un caso de mediación entre dos alumnos

Javier y Manuel son amigos desde que empezaron el colegio. Este año mezclaron las clases y les han tocado compañeros nuevos. Manuel es muy abierto y enseguida ha establecido relación con los nuevos, cosa que no agrada demasiado a Javier que es un chico bastante cerrado.

La tutora ha mandado hacer grupos de cinco para realizar un trabajo de Plástica. A Manuel, los nuevos le han pedido que vaya en su grupo, ya que les hace falta uno más. Javier se entera y se enfada.

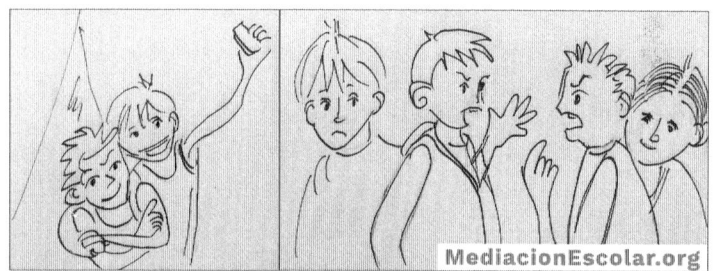

Durante la clase, Javier le entrega una nota a Manuel en la que, además de insultarle, le pone que ya no va a ser más su amigo porque le ha traicionado al irse al otro grupo, que él llama de "frikis y pringados". Al leer esto, Manuel se enfada mucho y empieza a discutir con Javier.

La profesora se da cuenta y pregunta qué pasa, a lo que Manuel le cuenta que Javier le ha dado una nota en la que le ha insultado. La profesora pide a Manuel que le enseñe la nota. Entonces, Javier se abalanza sobre Manuel quitándosela de las manos, rompiéndola, y empieza una pelea entre ambos que termina con la expulsión de ambos de la clase y una amonestación a ambos por parte del Director.

Veamos, ahora, algunos **momentos del proceso de mediación** que hacen un alumno y una alumna del Equipo de Mediación.

Fase 1: *Entrada y normas*

—¡Buenos Días! Nos llamamos Cristina y Pablo, somos los mediadores.

—Habéis decidido voluntariamente venir a mediación para solucionar el problema que tuvisteis.

—¿Vuestros nombres son? Javier y Manuel.

—Para poder ayudaros mejor, tenemos que establecer una serie de normas para esta sesión, que todos debemos respetar. Las normas son las siguientes (ver modelo en Anexo).

Fase 2: *Cuéntame*

—Por favor Manuel puedes contarnos lo que sucedió el otro día en clase de Plástica.

> *—Pues que el grupo de Asier me pidió que me pusiera con ellos en el grupo del trabajo de Plástica, se enteró Javi y ya no quiso jugar conmigo en el recreo. A la vuelta, en clase, me mandó una nota diciéndome que era un imbécil, un pringao, un gilipollas y un traicionero y que nunca más iba a ser mi amigo. Entonces yo le dije que de qué iba diciéndome eso y él me contestó que era un friki y un pringao porque me juntaba con pringaos, entonces le dije que se fuera a la mierda. Entonces la profesora nos llamó la atención y nos preguntó qué pasaba, cuando le iba a dar la nota, Javi se lanzó sobre mí como una bestia, rompió la nota y me empezó a dar puñetazos y yo claro, se los devolví porque tenía que defenderme. Entonces la profesora nos echó de clase y nos llevó al despacho del Director, ¡encima todo por su culpa!*

—Por favor Javier puedes contarnos tu versión de lo que sucedió el otro día en la clase de Plástica.

> *—Yo le pedí mucho antes a Asier que se pusiera en nuestro grupo, porque somos muy amigos y siempre se pone con nosotros. Pero a última hora, Asier, Carlos, Daniel y Jaime le pidieron a Manuel que fuera con ellos y se fue y nos dejó colgados. Entonces nos tuvimos que poner con uno que había sobrado y no nos hizo gracia. Para vengarnos, le mandé una nota poniendo que nos había traicionado pero no iba en serio, era una broma. Lo que pasa es que luego en clase se chivó a la profesora y eso fue el colmo, y entonces empezamos a discutir y nos echaron de clase y luego al Director.*

Fase 3: *Situar el conflicto*

—Manuel, ¿podrías aclararnos un poco más lo de que te fuiste a última hora con el otro grupo?

> *—Me fui con ellos porque quise, no creía que tuviera obligación de ir con Javier en todos los grupos, quería cambiar un poco.*

—Lo que quieres decir es que querías cambiar de grupo y no ir siempre con Javier, ¿es eso lo que quieres decir, Manuel?

—*Sí, eso.*

—¿Cómo te sentiste cuando recibiste la nota?

—*Me sentí muy enfadado porque no creía que fuese capaz de insultarme de esa forma y de decirme esas cosas.*

—Entonces, en ese momento, ¿te sentiste enfadado con Javier por lo que ponía la nota?

—*Sí, me sentí muy enfadado porque faltaría que no pudiera hacer lo que quisiera con quien quisiera.*

—¿Cómo crees que se sintió Javier cuando a última hora te fuiste con el otro grupo?

—*Pues no lo sé, imagino que contaría conmigo y al ver que me iba con el grupo de Asier no le haría mucha gracia.*

—Javier, ¿podrías explicarnos mejor lo de que contabas en el grupo con Manuel pero a última hora se fue al grupo de Asier?

—*Pues eso, que teníamos el grupo ya hecho pero luego lo vi hablando con Asier, que le estaba preguntando algo y Manuel estaba asintiendo con la cabeza, y después también lo vi con Carlos, Jaime, Daniel y Asier hablando del trabajo. Le fui a preguntar por qué estaba con ellos y pasó de mí.*

—Entonces, lo que quieres decir es que contabas con Manuel desde el principio y que luego se fue con el otro grupo sin decirte nada ni darte ninguna explicación, ¿es así?

—*Sí, así es.*

—¿Cómo te sentiste cuando viste a Manuel hablando del trabajo con Asier y su grupo?

—*Me sentí traicionado y que me había dejado colgado*

—¿Y cómo crees que se sintió Manuel cuando recibió la nota que le mandaste?

—*Pues imagino que mal.*

—¿Cómo te sentirías si recibieras una nota así de parte de Manuel?

—*Me sentiría deprimido y triste.*

Fase 4: *Buscar soluciones*

—Manuel, ¿cómo crees que podría resolverse este conflicto?

—*Pues cuando nos digan de hacer grupos, cada vez ir con un grupo diferente.*

—¿Qué más cosas se te ocurren?

© narcea, s.a. de ediciones

—*Pues que en vez de no haberle dicho nada a Javier, tenía que haberle dicho que me iba con el grupo de Asier o haberle dicho a Asier cuando me preguntó, que ya estaba en el grupo de Javier y que la próxima vez iría con él.*

—Y tú, Javier, ¿cómo crees que podría solucionarse este conflicto?

—*Pues que antes de mandarle una nota diciéndole todo eso, hablarlo con él más tranquilamente.*

—Entonces, Javier, ¿tú estarías dispuesto a dejar de mandarle notas a Manuel cada vez que algo no salga como tú deseas?

—*Sí, claro, pero él tendría que avisarnos con antelación de que se va a ir con otro grupo para no dejarnos plantados.*

—Y tú Manuel, ¿serás capaz de pensar primero con quién prefieres ir y decirlo claramente antes de dejar plantado a nadie?

—*Sí, claro.*

—¿Alguien quiere añadir algo más?

—*No, nada más.*

Fase 5: *El acuerdo*

—Entonces tú, Manuel, ¿estarías dispuesto a decir con antelación a tus compañeros con quién irás en los grupos de trabajo y a no cambiar a última hora?

—*Sí, de acuerdo.*

—Y tú, Javier, ¿estarías dispuesto a no mandar más notas con insultos cada vez que no vaya en tu grupo la gente que tú quieres?

—*Sí, no volveré a hacerlo.*

—¿Con esto pensáis que podría quedar solucionado el problema?

—*Por mi parte, sí.*

—*Por la mía también.*

—Entonces, ¿os parece bien a los dos esta solución?

—*Sí, a mí me parece bien.*

—*Sí, a mí también.*

—Bueno, el proceso ha resultado muy bien y os damos la enhorabuena por haber elegido la mediación para solucionar vuestro problema y por habernos elegido a nosotros para ayudaros. ¿Os parece adecuado que redactemos el acuerdo y lo firmemos?

—*Sí, de acuerdo.*

Caso 3. ¡La profesora entró montando el lío y metiéndose con el trabajo que habíamos hecho mis compañeros y yo!
Un caso de mediación entre una profesora y una alumna

Los alumnos de 4º de ESO han realizado unos talleres sobre igualdad. Como trabajo, elaboran unos murales que cuelgan en el aula. Uno de ellos contiene una fotografía de publicidad de un perfume que muestra a una mujer tumbada en actitud sugerente, rodeada de hombres. Cuando llega la profesora de ética (Mercedes) y ve la foto, realiza una crítica sobre la imagen, argumentando que es la imagen de una violación. Una de las alumnas (María) comenta: "Anda, que no tiene ella que estar contenta".

La situación genera una discusión que llevan al terreno personal y en la que emiten juicios de valor la una sobre la otra. La profesora le dice que no sabe en qué familia y en qué barrio se habrá educado. La alumna le contesta que su familia la ha educado perfectamente y que es la profesora la que no tiene educación. La alumna suele perder los nervios con facilidad y se muestra agresiva cuando se siente contrariada. En esta ocasión, se acerca a la mesa de la profesora, gritándole y diciendo que no le va a dejar salir del aula. Finalmente, otros alumnos consiguen apartarla de la profesora:

© narcea, s.a. de ediciones

Veamos ahora algunos **momentos del proceso de mediación** que llevan a cabo un profesor y una alumna del Equipo de Mediación.

Fase 1: *Entrada y normas*

—Profesor mediador (Javier): ¡Buenos días! Nos llamamos Blanca y Javier y somos los mediadores

—Alumna mediadora (Blanca): Habéis decidido voluntariamente venir a mediación para solucionar el problema que tuvisteis.

—¿Vuestros nombres son?

—Mercedes, María.

—Para poder ayudaros mejor, tenemos que establecer una serie de normas para esta sesión, que todos debemos respetar. Las normas son las siguientes (*enumera las normas*).

—Se establecerán turnos de palabra para contar el problema que habéis tenido.

—Mientras que una habla la otra permanecerá en silencio escuchándola. No se puede interrumpir el discurso de la otra persona. Vais a tener el mismo tiempo para intervenir.

—No está permitido: dar voces, insultarse, menospreciarse, utilizar motes, etc.

—No se consentirá ningún tipo de agresión.

—Lo que hablemos es totalmente confidencial y no deberá salir de este espacio.

—¿Habéis entendido las normas?

—Sí; Sí

—Si estas normas no se cumplen en algún momento, podremos dar por finalizado el proceso.

Fase 2: *Cuéntame*

—Por favor, María, ¿puedes contarnos lo que sucedió ayer en clase de ética?

—(Gritando y señalando a Mercedes) Pues que la profesora entró montando el lío y metiéndose con el trabajo que habíamos hecho mis compañeros y yo. Como no nos había costado trabajo… Y con lo perita que está la foto…

—María, te recuerdo que es importante que mantengáis el respeto la una hacia la otra. Si hablas más tranquila, te vamos a entender mejor. ¿De acuerdo?

—Vale, profe. Bueno, pues eso que no sé por qué tiene que decir nada de nuestro trabajo.

—Mercedes, ¿puedes contarnos tú qué pasó?

—Sí, pues, veréis, cuando llegué a clase, vi que habían colgado unos murales sobre la igualdad de género, lo que me parece estupendo. Simplemente, al ver la fotografía que habían utilizado en uno de los murales, me pareció conveniente comentar cómo la publicidad a veces es sexista y que en este caso el hecho de representar una imagen de una mujer en el suelo rodeada de hombres, todos con poca ropa, se asemejaba a una violación.

—Pues vaya, eso lo dices tú, menuda tontería…

—María, te vuelvo a recordar que has aceptado la norma de ser respetuosa. Es importante que se mantenga para que el proceso funcione, ¿vale?

—Sí, vale.

—¿Queréis añadir alguna cosa más a lo que habéis contado?

—Sí. María comentó que la chica de la foto tenía que estar muy contenta de estar rodeada de esos tíos y yo le reprendí, diciéndole que eso no es un asunto para tomarlo a broma. Entonces, se enfadó y empezó a gritarme. Le dije que se tranquilizara y me respetara.

—Y tú, María, ¿quieres añadir algo?

—Pues, sí, que, si quiere que la respete, que me respete ella a mí y respete mi trabajo.

—¿Alguna otra cosa que añadir?

—No; No

Fase 3: *Situar el conflicto*

—A ver, María, ¿nos puedes aclarar un poco más lo referido al comentario que le hiciste a tu profesora?

—Sí, profe, lo que yo quería decir es que con ese montón de tíos buenos alrededor, ¿cómo no iba a estar a gusto? No tiene nada que ver con que yo defienda que violen a nadie.

—Mercedes, ¿nos puedes tú aclarar tu comentario sobre la fotografía?

—Sí. En ningún momento se trataba de un ataque a ninguno de los alumnos ni al trabajo en sí. Sólo pretendía destacar el abuso que hacen

los publicistas de algunos estereotipos, y creo que es necesario hacer conscientes a los jóvenes de esa manipulación.

—María, ¿lo que quieres decir es que comentaste que a la chica le tenía que gustar estar rodeada de chicos guapos?

—Pues, claro, ¿a quién no?

—Mercedes, ¿tú lo que quieres decir es que no estabas atacando lo que habían hecho los alumnos con respecto al trabajo, sino lo que para ti transmite la fotografía?

—Exacto.

—Por favor, María, dinos cómo te sentiste cuando Mercedes entró en el aula e hizo el comentario sobre la fotografía.

—Pues me sentí mal, porque habíamos intentado encontrar una foto toda molona para el trabajo, y llega ella criticando por una tontería que sólo ve ella.

—Y tú, Mercedes, ¿cómo te sentiste cuando María comentó que la chica estaría contenta con todos esos chicos alrededor?

—Pues sentí impotencia ante la idea de que realmente los manipulan y temor de que los chicos puedan llegar a ver normal que sometan a una mujer simplemente porque son guapos y porque son hombres.

—Entonces, María, ¿tú sentiste que no comprendías la importancia que podía tener la fotografía y te sentiste molesta de que se menospreciara tu trabajo? Y tú, Mercedes, ¿te sentiste mal porque los chicos no sepan darse cuenta de que hay que respetar a las mujeres?

—Sí.

—María, ¿lo que quieres decir en resumen es que cuando la profesora comentó que le parecía muy mal la foto porque era la imagen de una violación, tú no entendías porqué le daba tanta importancia y lo que sentiste es que la profesora estaba criticando tu trabajo, por eso te enfadaste y le gritaste?

—Sí.

—Y tú, Mercedes, ¿en resumen, te sentiste incómoda por pensar que a los chicos les parezca normal y atractiva la idea de una mujer en el suelo rodeada de muchos hombres de pie mirándola por lo que para ti transmite esa imagen?

—Efectivamente.

—María, ¿tú cómo te sentirías si alguien te hubiera gritado por hacer un comentario?

—Pues yo me enfadaría, me sentiría mal.

—Mercedes, ¿tú cómo te sentirías si pensaras que alguien está criticando tu trabajo?

> *—Bueno, pues imagino que enfadada y molesta.*

Fase 4: *Buscar soluciones*

Por último, se exploran las posibles soluciones al problema y se llega a un acuerdo entre las partes, que por sencillo que parezca puede ser suficiente para que el conflicto entre estas dos personas no se reproduzca. Lo importante es que la alumna y la profesora hayan pasado por el proceso de la mediación y hayan podido escucharse y hablarse en un clima distendido y adecuado para comprender a la otra, y buscar juntas una solución positiva y sin violencia.

—Entonces, por lo que nos habéis contado, ambas estáis molestas y enfadadas por la reacción que habéis tenido ante lo que cada una ha comentado, ¿es así?

> *—Sí; Sí.*

—Mercedes, ¿cómo piensas tú que esto puede resolverse?

> *—Creo que la situación se ha dado por no habernos entendido la una a la otra. Y creo que antes de enfadarnos, debemos intentar entender lo que cada una quiere decir.*

—Y tú, María, ¿Cómo piensas que puede resolverse?

> *—No sé, profe, que no se tome las cosas tan en serio.*

—¿Qué cosas deberían cambiar para que se solucione el conflicto?

> *—Pues yo creo que antes de enfadarnos, debemos hablar y preguntar lo que cada una piensa sin intentar defendernos y sin atacar a la otra.*

—María, ¿qué crees tú que debe cambiar?

> *—Pues, lo que dice la profe y que no le dé tanta importancia a todo.*

—María, ¿tú qué crees que puedes hacer para solucionar el problema?

> *—Yo, no enfadarme tan rápido, no gritar y hablar más tranquila para entender lo que me dicen.*

—Y tú, Mercedes, ¿qué crees que puedes hacer?

> *—Pues, en realidad, lo mismo que dice María: No enfadarme tan rápido y hablar más tranquila para no tener malentendidos. Además, yo quería disculparme por haberle hecho a María comentarios sobre su educación y su familia.*

—*Profe, yo también me quiero disculpar por haberte gritado.*

—Entonces, ¿estaríais dispuestas a hablar tranquilamente cuando haya algún desacuerdo?

—*Sí; Si.*

Fase 5: *El acuerdo*

—Entonces, tú, María, ¿Estarías dispuesta a no gritarle a la profesora cuando haya algo con lo que no estés de acuerdo y a hablar sin alterarte sobre las cosas?, y tú, Mercedes, ¿Estarías dispuesta a hablar y a explicarle a María tus argumentos con tranquilidad?

—*Sí; Si.*

—¿Con esto pensáis que quedaría solucionado el problema?

—*Sí; Si.*

—¿Os parece bien a las dos esta solución?

—*Sí; Si.*

—Bueno, el proceso ha resultado muy bien y os damos la enhorabuena a ti, María, y a ti, Mercedes, por el acuerdo al que habéis llegado y por habernos elegido para ayudaros.

—¿Os parece adecuado que redactemos el acuerdo y lo firmemos?

—*Sí; Si.*

© narcea, s.a. de ediciones

Caso 4. Escribí esa nota antes de ser amigas
Un caso de mediación entre dos alumnas

Durante el desarrollo de una clase de 3º de ESO a Carmen se le cae una nota al suelo que estaba en uno de sus cuadernos que utiliza para confidencias personales. Esta nota habla mal de otra compañera de clase, Sonia, a la que le entrega la nota un compañero que la recoge sin que Carmen lo vea. Al finalizar la clase, Sonia se encara con Carmen que niega, a gritos y muy nerviosa, que sea suya. Entonces Sonia le da una bofetada a Carmen cuando esta admite que la nota es suya, pero que es de hace mucho tiempo.

Veamos ahora algunos **momentos del proceso de mediación** que hacen un alumno y una alumna del Equipo de Mediación.

Fase 1: *Entrada y normas*

—¡Buenos Días! Nos llamamos Cecilia y Aitor, somos los mediadores

—Habéis decidido voluntariamente venir a mediación para solucionar el problema que tuvisteis.

—¿Vuestros nombres son?

   —*Carmen y Sonia.*

—Para poder ayudaros mejor, tenemos que establecer una serie de normas para esta sesión que todos debemos respetar. Las normas son las siguientes (*se enumeran las normas*).

Fase 2: *Cuéntame*

—¿Por favor, Carmen, puedes contarnos lo que sucedió el otro día en el cambio de clase de Matemáticas?

—Pues que Sonia me dio una torta en clase porque le dieron una nota que había escrito sobre ella hace mucho tiempo, antes de llevarnos bien.

—¿Por favor, Sonia, puedes contarnos tu versión de lo que sucedió?

—Me dieron una nota que me insultaba y me amenazaba y yo vi que la letra era de Carmen y me lo dijeron, así que fui a decírselo y ella gritándome me dijo que no era de ella, pero después me dijo que sí, entonces yo la di un tortazo.

Fase 3: *Situar el conflicto*

—Carmen, ¿Cuáles fueron las razones para escribir la nota?

—Yo antes no me llevaba con Sonia y me caía mal, así que escribí esa nota, pero no la utilicé nunca ni se la enseñé a nadie y la dejé en mi cuaderno. Pero ahora estamos bien y yo no quería que la viera.

—¿Cómo te sentiste cuando Sonia leyó la nota?

—Me asusté porque no quería llevarme mal otra vez y me puse a gritar que no era mía, pero todos decían que sí, así que se lo dije.

—Sonia y tú, ¿Cómo te sentiste al leer la nota?

—Me enfadé mucho y cuando me dijo que era de ella y me chillaba pues le di un tortazo para defenderme.

—¿Quieres decir que te sentiste amenazada?

—Si eso es

Habría que seguir intentando aclarar el conflicto preguntando algo más sobre ese pasado de falta de amistad. También sería interesante poner a la una en lugar de la otra en el caso de encontrar una nota como esa o recibir una agresión, ¿Cuál sería su reacción y sus sentimientos?

Una vez la estructura del conflicto esté clara podremos pasar a ver posibles soluciones y acordar alguna que sea realizable.

Fase 4: *Buscar soluciones*

—Carmen, ¿cómo piensas que puede resolverse este conflicto?

© narcea, s.a. de ediciones

> *—Yo no quiero llevarme mal con Sonia y siento mucho haber escrito la nota y me hubiera molestado mucho encontrar una nota de Sonia sobre mí. La pido disculpas. Cuando ella me pegó, me quedé bloqueada y la profesora nos separó. Luego en casa se lo conté a mi madre*.*

Hago aquí un inciso porque es importante darse cuenta de que el caso ha vuelto a la fase de cuéntame, cuando ya estábamos empezando a trabajar sobre las soluciones. Esto es muy normal porque las personas en conflicto se van abriendo al diálogo a medida que el proceso se desarrolla, y las fases pueden ser de ida y vuelta. Es muy importante que los mediadores sepan detectar estos momentos y volver atrás para clarificar más el conflicto. La paciencia, la creatividad y la formación en mediación nos darán estas habilidades.

—Sonia, ¿Cómo ves ahora tu reacción ante la nota?

> *—Me sentí muy dolida y fue un descontrol del momento, me dejé llevar por la rabia. Siento haberlo hecho y le pido disculpas, yo no soy así.*

—Entonces ¿Cómo pensáis que lo podemos solucionar?

> *—Yo creo que tener una relación educada y aunque no sea como antes, poder contar con su ayuda como compañera.*

> *—Para mi, poder tener una relación de clase y el perdón, ya que se ha pedido ayuda a resolver el problema.*

Fase 5: *El acuerdo*

Por último, se llega a un acuerdo entre las partes, que por sencillo que parezca puede ser suficiente para que el conflicto entre estas dos personas no se reproduzca. Lo importante es, como ya he dicho, que las dos alumnas hayan pasado por el proceso de la mediación y hayan podido escucharse y hablarse en un clima distendido y adecuado para comprender a la otra, y buscar juntas una solución positiva y sin violencia.

—Bueno, el proceso ha resultado muy bien y os damos la enhorabuena, a ti Carmen y a ti Sonia, por el acuerdo al que habéis llegado. Gracias por habernos elegido como mediadores y esperamos haberos ayudado. ¿Os parece adecuado que redactemos el acuerdo y lo firmemos?

> *—Sí, de acuerdo.*

Caso 5. ¡Tu hijo le ha roto las gafas al mío y tiene que pagarlas!
Un caso de mediación entre dos madres de alumnos

Se ha producido un conflicto entre dos alumnos de 3° ESO. Uno de ellos –Juan– ha roto las gafas al otro –Enrique– en un choque en los pasillos durante un cambio de clase. Cuando Enrique llega a casa, su familia se pone en contacto con la de Juan para que le page las gafas. Estos acceden, pero cuando les dicen que las gafas cuestan 600 euros porque son especiales dicen que es mucho dinero y que no lo pueden asumir. La familia de Enrique se pone en contacto con el centro escolar para ver qué es lo que ha pasado y pedir una solución.

La directora del instituto se lo comenta a la Junta Directiva del AMPA (Asociación de madres y padres de alumnos) para ver cómo se puede solucionar el conflicto que se ha generado entre estas familias. Dos madres de la Asociación forman parte del Equipo de Mediación Escolar y están dispuestas a hablar con las respectivas familias para ver si se puede llegar a un acuerdo que sea favorable para las dos partes. La directora habla con las familias de los alumnos implicados y estas acceden a la mediación.

María y Socorro son las dos personas del AMPA que han realizado el curso de mediación escolar y se ponen en contacto con las familias para concertar el momento y el lugar donde se va a realizar la mediación y pedirlos permiso para hablar con sus hijos para conocer lo que ha pasado. Las familias acceden a que hablen con sus hijos y una vez que lo hayan hecho concretarán el día y la hora de la mediación.

La directora les ofrece el aula de mediación escolar que tiene el centro y si quieren lo pueden realizar un lunes por la tarde que el centro está abierto y no hay alumnado. Todas las partes acceden y quedan para el primer lunes del mes de febrero a las 16:00 horas en el centro escolar.

Con anterioridad a la mediación, las mediadoras hablan con los dos alumnos, durante un recreo con cada uno, para conocer lo que ha pasado y conocer las versiones de cada uno.

Entrevista con Juan

—Hola Juan, nos llamamos María y Socorro y querríamos hablar contigo para conocer qué es lo que ha pasado.

—*¡Que rompí las gafas a Enrique!*

—Y ¿cómo fue?

—*Estábamos en un cambio de clase. Yo estaba de pie junto a Enrique –somos compañeros de clase– y a veces nos juntamos para hacer algún trabajo juntos. Pasó por allí Isabel, yo la fui a coger, con tan mala suerte que Enrique se interpuso en mi camino y tropecé con él, las gafas se le cayeron al suelo y se rompieron.*

—¿Quieres añadir alguna cosa?

—*¡No!…. que…. fue sin querer. Yo no se las quería romper… Se puso en medio…*

—¿Cómo te sientes por lo que ha pasado?

—*Muy mal, dice que le tengo que comprar otras gafas que sin ellas no ve…y …. Es que cuestan mucha "pasta".*

—Alguna cosa más.

—*No, nada más.*

—Gracias por haber venido, Juan, estaremos en contacto contigo y con tu familia para intentar llegar a una solución.

Entrevista con Enrique

—Hola Enrique, nos llamamos Socorro y María y querríamos hablar contigo para conocer qué es lo que ha pasado.

—*¡Que Juan me rompió las gafas!*

—Y ¿cómo fue?

—*Estábamos en un cambio de clase de matemáticas para inglés. Yo estaba al lado de mi mesa y pasó Juan y me puse a hablar con él; cuando estábamos hablando pasó Isabel; Juan la quiso coger por la cintura, como hace siempre, yo salí en defensa de Isabel porque es mi amiga y Juan me dio un empujón, las gafas cayeron al suelo y se rompieron.*

—¿Cómo te sientes por lo que ha pasado?

—*Para mí las gafas con muy importantes porque las necesito para estudiar. La semana que viene tengo un examen de matemáticas y quiero sacar una buena nota. ¡Quiero que Juan me compre las gafas!*

—Alguna cosa más.

—*No, solo quiero que me compre las gafas.*

—Gracias por haber venido Enrique, estaremos en contacto contigo y con tu familia para intentar llegar a una solución.

Una vez que las mediadoras han hablado con los alumnos y conocen cómo se ha producido el conflicto se reúnen con las madres –ellas son las que han decidido ir a la mediación– para intentar buscar una solución al conflicto que han tenido sus hijos. Luisa es la madre de Enrique (alumno al que se le han roto las gafas) y Petri es la madre de Juan (alumno que ha empujado al otro).

Veamos ahora algunos **momentos del proceso de mediación** que hacen un alumno y una alumna del Equipo de Mediación.

Fase 1: *Entrada y normas*

Se inicia la mediación escolar en el aula de mediación del centro educativo. Las mediadoras comienzan con la primera fase comentando las normas de la mediación y preguntando si se han entendido.

Fase 2: *Cuéntame*

—Luisa ¿quieres contarnos lo que ha pasado?

—*A mi hijo le han roto las gafas y queremos que se las compren porque sin ellas no puede estudiar, son unas gafas especiales para...*

—*¡Ni que estuvieran "chapadas" de oro", hija!*

—Por favor, Petri has aceptado las normas y una de ellas es no interrumpiros mientras habláis. Tú tendrás tu turno para contarnos lo que ha pasado ¿Estás de acuerdo?

—*¡Sí!*

—Luisa, puedes seguir hablando.

—*A mi hijo le han roto las gafas, las necesita para estudiar, si Juan no le hubiera empujado no estaríamos aquí.*

—Petri ¿quieres contarnos ahora tú lo que ha pasado, por favor?

—Yo sé que mi hijo no lo hizo con mala intención; si Enrique no se hubiera interpuesto entre él e Isabel no hubiera pasado nada. Yo sé que mi hijo es inquieto y que le cuesta estar sentado. Nosotros –mi marido y yo– estábamos dispuestos a pagar las gafas pero cuando nos hemos enterado de que valen 600 euros nos ha parecido un robo.

—¿Un robo? Son unas gafas especiales para enfocar de cerca porque mi hijo tiene un problema visual que con estas gafas se le corrige. Nosotros no tenemos la culpa de que su hijo sea inquieto y no sepa cómo comportarse.

—Mi hijo sabe comportarse perfectamente, nadie nos ha llamado –del instituto– para decir nada de mi hijo. Nosotros sentimos lo de las gafas, pero… 600 euros es mucho dinero.

—Te lo repito… son unas gafas especiales que solo las hacen en una óptica en toda la ciudad. Se acercan los exámenes y queremos tenerlas porque mi hijo saca muy buenas notas y queremos que siga siendo así.

—Juan también saca unas buenas notas.

Fase 3: *Situar el conflicto*

—De acuerdo, vamos a intentar seguir analizando lo que ha pasado. Petri ¿cómo os encontráis la familia?

—Pues… muy mal… porque Juan es un buen niño, él no lo hizo con mala intención. Nosotros ya le echamos la bronca y siempre le decimos que se esté quieto y no moleste a los compañeros. Queremos que todo se solucione porque yo estoy durmiendo mal por lo que ha pasado.

—Luisa, ¿cómo os encontráis la familia?

—Como ya os he dicho antes nosotros estamos enfadados porque las gafas son muy importantes para Enrique. Sabemos que cuestan mucho por lo que mi hijo tiene mucho cuidado, no sale al recreo con ellas y lleva una funda muy dura para protegerlas. Las gafas son muy importantes porque él saca muy buenas notas y porque quiere hacer Medicina.

Fase 4: *Buscar soluciones*

—Ahora que ya sabemos lo que ha sucedido y cómo os sentís en la familia vamos a intentar aportar soluciones al conflicto, ¿quién de vosotras quiere empezar?

Se produce un silencio tenso y nadie propone nada, entonces la mediadora insiste personalizando la pregunta.

© narcea, s.a. de ediciones

—¿Quieres aportar alguna solución Petri?

—*Como ya hemos comentado antes, nosotros estábamos dispuestos a pagar las gafas pero es que cuestan mucho y en mi casa el único que aporta dinero de forma fija es mi marido, yo trabajo en casa y cuando me sale algún trabajo lo cojo. Nosotros hasta dos 200 euros estábamos dispuesto a dar.*

—*Para nosotros las gafas son muy importantes. No podemos estar más tiempo sin ellas. ¿Queremos que nos las compréis?*

—*La verdad es que 600 euros es mucho dinero y nosotros no los tenemos ahora.*

—Luisa, Petri está aportando una solución al conflicto que, aunque no sea lo que vosotros queréis, es un inicio. ¿Quieres comentar algo más Petri?

—*Nosotros estamos dispuestos a llegar a 300 euros, que es lo que tenemos ahorrado para terminar el mes. Además, mi hijo no lo hizo con mala intención os recuerdo que Enrique se interpuso en su camino y tropezó con él, las gafas se le cayeron al suelo y se rompieron. Mi hijo no tiene toda la culpa*

—*¡Pues mi hijo tampoco la tiene!*

—No volvamos para atrás, lo estáis haciendo muy bien, ¿Se os ocurre alguna solución más?

—*Como ya he dicho antes, nosotros estamos dispuestos a aportar dinero, pero todo sería imposible porque no lo tenemos…No sé…., como fue "un accidente" podemos poner la mitad cada familia para comprar las gafas, yo tengo el dinero aquí y te lo daría para que pudieras ir a comprar las gafas lo antes posible para que las tuvieras y tu hijo pudiera estudiar los exámenes.*

—¿Qué te parece lo que dice Petri, Luisa?

—*Nosotros queremos las gafas lo antes posible y si Petri nos da la mitad ahora, no me parecería mal ya que todo parece que ellos no pueden.*

—Por lo que comentas Luisa, tú estarías dispuesta a aceptar los 300 euros que te ofrece Petri. Los otros 300 ¿los aportaríais vosotros?

—*¡Sí! Pero tendría que ser ya mismo, porque si esperamos más tiempo no lo acepto.*

—*Yo los tengo aquí, en el bolso.*

—Luisa, ¿Si Petri te da los 300 euros se solucionaría el problema?

—*¡Sí!*

—Petri, ¿le das los 300 euros?

—*¡Sí! Pero me gustaría que Luisa me firmase un papel donde ponga que se los he dado.*

—Si os parece nosotras redactamos el acuerdo ahora y lo firmáis las dos.

Fase 5: *El acuerdo*

—El acuerdo quedaría redactado de la siguiente manera: La familia de Juan, representada por su madre Petri, entrega la cantidad de 300 € a la familia de Enrique, representada por su madre Luisa, para la compra de unas gafas nuevas.

—¿Os parece bien este acuerdo? ¿Estáis dispuestas a firmarlo?

—*Si , Si.*

—Queremos felicitaros y daros las gracias por haber aceptado esta mediación para solucionar el problema que teníais. También agradeceros vuestro esfuerzo en nombre del Equipo de Mediación y también en nombre de La Asociación de Madres y Padres, ya que lo que habéis hecho es muy importante para que vuestros hijos vean que los conflictos pueden solucionarse mediante el diálogo.

Mañana tendremos una reunión con la directora y le comentaremos solo el acuerdo al que habéis llegado, el resto de la mediación es totalmente confidencial. Comunicad a vuestras familias el acuerdo, seguro que todos se alegrarán mucho.

© narcea, s.a. de ediciones

Caso 6. ¡Siempre llegas tarde y yo hago tus guardias!
Un caso de mediación entre una profesora y un profesor

Estamos en la última hora de la mañana de un centro de Educación Secundaria donde cada hora existe un número de profesores, más de uno normalmente, que realizan las labores de guardia y sustituyen a profesores ausentes. También estos profesores de guardia tienen asignado el control del alumnado expulsado de clase, normalmente por su comportamiento, que acude a la denominada "aula de convivencia" a realizar tareas fuera del aula asignadas por el profesor que le ha expulsado.

Los profesores de guardia se distribuyen las tareas a realizar en su hora de guardia, poniéndose de acuerdo cada día. El día del conflicto José y Carmen son los profesores que se encargan de la última hora de la mañana en la que hay un alumno en el aula de convivencia expulsado durante toda la mañana cumpliendo una sanción y también falta el profesor en un curso de 3º de ESO. Este grupo ha dado muchos problemas de convivencia y disciplina durante todo el año y es difícil dar clase y también hacer una guardia con él.

Carmen al comenzar su turno de guardia directamente se va al aula de convivencia con el alumno sancionado. José una vez los pasillos están tranquilos se acerca al aula de convivencia y al ver a Carmen le dice que le toca a él y que ella tiene que ir al 3º de ESO para hacer la guardia, que hoy le toca a ella "comerse el marrón" de ese grupo, que el otro día fue él. Carmen le dice que, de ninguna manera, que hoy le toca a él porque siempre llega tarde y ella es la que tiene que ir a hacer todas las guardias de clase.

El tono se va elevando y José le dice a Carmen que si está poniendo en duda cómo hace él su trabajo. Todo esto sucede delante del alumno que está sancionado en esos momentos en el mismo espacio que están los profesores. José sigue elevando el tono y acercándose y apuntando con el dedo a Carmen, muy cerca de su cara, le dice que hoy él no se va a tragar a ese curso que bastante tiene, que vaya ella que él se queda allí. Carmen sintiéndose algo amenazada se levanta y sale del aula de convivencia.

El caso llega a la Jefe de Estudios y a la Coordinadora de Convivencia del centro, formadas ambas en mediación escolar, que proponen a las partes realizar una reunión para aclarar las cosas y poner en común lo que les han contado las partes por separado, su visión y su vivencia del conflicto hasta ese momento. Tanto Carmen como José aceptan juntarse pasados unos días.

Veamos ahora algunos **momentos del proceso de mediación** que hacen algunos miembros del equipo directivo del centro.

Fase 1: *Entrada*

Jefa de Estudios: Buenos días, Carmen, José, gracias por haber aceptado estar aquí para intentar aclarar y resolver el conflicto que habéis tenido. Intentaremos ayudaros para llegar a una solución aceptable para los dos.

Coordinadora de Convivencia: Buenos días a los dos, también quiero agradeceros el haber aceptado este proceso mediador. Vamos a escuchar ahora vuestro relato de lo que pasó el otro día durante la guardia de última hora. Os pedimos que no os interrumpáis, pues ambos tendréis el tiempo necesario para explicaros y contar todo lo sucedido.

Se inicia la mediación escolar en el aula de mediación del centro educativo. Las mediadoras comienzan con la primera fase comentando las normas de la mediación y preguntando si se han entendido.

Fase 2: *Cuéntame*

—Carmen, por favor, ¿quieres contarnos tu versión de lo que ocurrió?

—*Como ya os conté, José siempre llega tarde a las guardias y yo estoy harta de hacer las de las peores clases mientras él, como llega tarde, se queda con los castigados en el aula de convivencia. Esta vez yo me fui directamente a cuidar al alumno castigado y le dejé para él la guardia de aula del 3º de ESO que yo ya había hecho el otro día. Cuando se lo dije se puso a darme voces y a apuntarme con el dedo dándome órdenes para que yo fuera a hacer la guardia de 3º. A mí él no tiene que darme órdenes y menos en ese tono, con esas formas y delante de un alumno. Me fui y bajé a comentárselo a la jefa de estudios.*

—Gracias Carmen. José, ¿puedes contarnos tu versión de lo que pasó?

—*Vamos a ver, lo que yo no puedo permitir es que se ponga en duda mi profesionalidad y menos delante de un alumno. Ella dice que yo no hago bien mi trabajo y que llego tarde.*

—*Pues sí, casi siempre.*

—Carmen por favor, vamos a intentar no interrumpir a José como habíamos quedado, así todos podremos escuchar bien las versiones de cada uno. Continúa, José, por favor.

—*Insisto en que no estoy dispuesto a que ponga en duda que hago bien mi trabajo, y menos delante de un alumno. Además, el día anterior había estado yo en el aula con el grupo, ese grupo que ya sabemos que es el peor del instituto, así que le tocaba a ella y así se lo dije. A lo mejor levanté un poco el tono de voz, pero nada más.*

—Gracias, ¿queréis añadir alguna cosa más?

—*No*

—*No*

Fase 3: *Situar el conflicto*

—Si hemos entendido bien, el conflicto que relatáis no es puntual, sino que se viene produciendo desde hace tiempo.

—*Así llevamos todo el curso, siempre me quedo con lo peor de las guardias yo.*

— *De ninguna manera, repartimos siempre a la mitad exactamente.*

—Nos podríais contar cómo os afecta esta situación.

— *Yo estoy muy cansada de esta situación y me siento muy mal. Ahora mismo estoy muy a disgusto aquí y preferiría marcharme.*

— Carmen, te entendemos y agradeceríamos muchísimo que hicieras un esfuerzo más para intentar llegar a una solución de este conflicto.

—*Está bien.*

—¿José a ti cómo te afecta esta situación?

—*Pues me produce tensión cada vez que tengo que hacer la guardia con ella y ahora cabreo porque se cuestiona mi trabajo. Estoy cansado.*

Fase 4: *Buscar soluciones*

—Bueno, estamos avanzando y parece que el conflicto está claro, y también como os afecta a ambos. ¿Se os ocurre alguna solución? Todos los que estamos aquí podemos proponerlas. Si os parece bien, empiezo mencionando las dos más obvias: repartir las guardias con la supervisión de Jefatura de Estudios, o bien intentar cambiar a uno de vosotros la hora de guardia.

—*Yo no quiero hacer más guardias con él, me gustaría que me las cambiasen.*

—*A mí me da igual.*

—¿Hay algún problema administrativo para intentar cambiar la hora de guardia a uno de nuestros dos compañeros?

—Ninguno. Si es factible, os lo comunicaré en la próxima hora. En caso contrario, deberíamos optar por otra solución. ¿Tenéis alguna otra idea de solución posible?

—*Repartir las guardias hasta final de curso con un calendario estricto.*

—Os parece que, si la otra solución no es posible, podríamos hacer un calendario de todas las guardias del día en que estáis juntos y repartirlas bajo mi supervisión hasta final de curso.

—*A mí me parece bien*

—*A mí también.*

Fase 5: *El acuerdo*

—Bueno pues entonces el acuerdo sería que si se puede cambiar la guardia de uno de los dos ese día, sería la primera opción, en caso contrario la Jefa de Estudios elaborará un calendario para las guardias que os quedan juntos, distribuyendo las tareas para cada día hasta final de curso ¿Estáis de acuerdo?

—*Si, me parece perfecto.*

—*Si, a mí también.*

—Muchísimas gracias, Carmen y José, por haber aceptado estar aquí e intentar resolver este problema con el diálogo y la mediación. Os comunicaré el resultado de la gestión a la mayor brevedad posible.

En este caso, el acuerdo se comunicó por separado y verbalmente, y consistió en que Carmen intercambió su guardia con otra profesora del centro.

Nota aclaratoria: La Coordinadora de Convivencia y la Jefe de Estudios habían comprobado previamente que esta solución era factible. Es verdad que esa solución pudo venir impuesta por La Jefatura, pero la mediación permite una diferencia fundamental: la posibilidad que tienen las personas de plantear sus propias soluciones, y no sólo sus propios conflictos. El resto del curso transcurrió sin incidencias.

© narcea, s.a. de ediciones

Caso 7. ¿Quién dices que se va a pelear a la salida?
Un caso de mediación rápida entre dos alumnas

Es la penúltima hora de un miércoles en un instituto, el orientador está trabajando en su despacho. Llaman a la puerta y entra una alumna que le comenta que va a producirse una pelea a la salida del instituto. El orientador pregunta a la alumna que quienes son los alumnos que van a pelear, a lo que esta le contesta que son dos alumnas de la clase de 2º de ESO.

El orientador deja lo que estaba realizando y se dirige a hablar con las alumnas para intentar conseguir que no se peleen. Encuentra a estas chicas en la clase que les corresponde, pide permiso al profesor que está impartiendo la clase y con ellas se dirige a otra aula, que está vacía, para hablar con ellas sobre el problema que han tenido e intentar que no se produzca la pelea al salir del instituto e intentar ver cuáles son las causas de este conflicto.

Fase 1: *Entrada*

—¡Buenos Días! Ya sabéis quien soy, el orientador, porque me conocéis de hablar con vosotras en otras ocasiones. Me ha comentado una alumna, hace un momento, que os vais a pegar a la salida del instituto. Pegarse no es una forma demasiado adecuada de solucionar los problemas porque puede traer consecuencias más graves para vosotras. En el instituto nosotros intentamos resolver los problemas dialogando y es lo que voy a intentar ahora hacer con vosotras.

—Os llamáis Carla y Cecilia, ¿no?.

    —Carla y Cecilia: Sí, si.

—Carla, tú conoces la mediación escolar.

    ¡Sí!

—Y tú Celia ¿la conoces?

    —Sí, he visto el cartel en la clase.

Una vez iniciado el primer contacto con las dos alumnas donde se les informa del conocimiento del conflicto que han tenido, y del que pueden tener, para comenzar el diálogo se realizan las presentaciones y se les pregunta algo relacionado con el sistema de mediación para acercarlas al objetivo y desescalar algo el conflicto y la tensión que pueda existir al estar juntas. También se les resumen las normas de la mediación.

Fase 2: *Cuéntame*

—¿Quisiera saber porque os vais a pegar? Carla ¿me puedes contar lo que ha pasado para que quieras pegarte con Cecilia?

    —Cecilia está hablando de mí. Dice que soy una "puta" porque voy con chicos y estoy hasta "los cojones" de que ande hablando mal de mí a mis espaldas. Si se atreve que me lo diga ahora a la cara. La "puta" es ella.

—Carla, no hace falta que amenaces ni que insultes a nadie. Estamos aquí para hablar sobre lo que ha sucedido. Os pido a las dos que por favor os respetéis. Cecilia, ¿qué es lo que ha pasado?

    —Yo no estoy diciendo nada de Carla, se lo está inventando ella para pegarme porque va de chula.

—Celia, estas diciendo que tú no has dicho que Carla es una "puta" porque anda con chicos.

    —Sí, yo no sé de donde habrá sacado lo que está diciendo, pero yo no he dicho que ella era una "puta"

    —No seas mentirosa ¡cabrona!, me ha dicho una chica que tú andas diciendo por el instituto que soy la mayor "putona" que has conocido.

—Carla por favor, habíamos hablado de respetaros en todo momento, sin insultos ni descalificaciones, ¿te parece bien?

    —Si, vale, es que estoy muy cabreada.

—Vamos a aclarar lo que está pasando. Celia, ¿tú no has llamado puta a Carla?

    —¡No!

© narcea, s.a. de ediciones

Hemos visto como en esta segunda fase una de las partes se muestra muy enfadada y no es capaz de alejarse del insulto a la otra parte. El empleo de las **técnicas de asertividad** para desescalar esa tensión, son fundamentales en el mediador, así como la reiteración de las normas básicas de la mediación, aunque no sea un proceso formal.

La complicación en este caso proviene del nivel en el que se encuentra el conflicto. Se acaba de producir y se dirige a un **mayor nivel** de con la **pelea** que se espera. Se ha juntado a las dos partes inmediatamente para evitar la pelea.

Esto no es la situación ideal para realizar una mediación por lo que el proceso es diferente y no tan estructurado o formal. El **conflicto está demasiado reciente** y no se ha hablado con las partes por separado, que quizás se podría haber hecho antes de juntarlas, para bajar esa tensión inicial.

A veces el tiempo es limitado y se debe actuar de manera diferente a lo que teóricamente sabemos. ¡Esto es el día a día de la educación! Por eso la **formación continua** es una de las claves de los buenos profesionales de la educación.

Fase 3: *Situar el conflicto*

—Carla ¿quién te ha dicho a ti que Carla te estaba llamando "puta"?

—*Una chica de clase me lo dijo por el Whatsapp.*

—Nos puedes decir ¿quién es esa chica?

—*Es una compañera de clase, ella la conoce bien.*

—*No sé quién te lo habrá dicho, pero yo no he hablado con nadie de ti y no he dicho que seas una "puta".*

—*¡Que no vas diciendo por ahí… que yo soy una "puta"!, ¿no me lo creo?*

—*De verdad, que yo no he dicho que seas una "puta".*

—*No has hablado por WhatsApp con ella mal de mí.*

—Carla nos puedes decir quién es la chica que te lo ha dicho.

—*(después de estar un tiempo callada)… Es Mónica.*

—Mónica, ¿vuestra compañera de clase?

—*Sí.*

—*Pero… si yo no he hablado con Mónica, si casi no viene a clase.*

—Carla, Mónica te ha dicho que Celia anda diciendo por WhatsApp que tú eres una "puta", pero Celia nos está contando que ella nunca ha hablado con Mónica de ti. ¿Esto es así?

© narcea, s.a. de ediciones

—*¡Sí!, yo no he hablado con Mónica. Si no la veo en clase.*

—*Y… ¿por qué comenta Mónica que tú dices que yo soy una "puta"?*

—*Eso pregúntaselo a ella.*

Parece que el problema se va aclarando y hay una tercera persona que puede ser la clave para entender como se ha creado este **conflicto de comunicación**, en el que también interviene un elemento clave, los nuevos medios de comunicación social.

Fase 4: *Buscar soluciones*

—Carla y Celia, yo creo que el conflicto está empezando a quedar claro.

—*A mí me parece que sí. Yo no he hablado con Mónica de Carla, pero ésta nos está "metiendo mentiras" y hablando de la una y de la otra.*

—Tu Carla, ¿qué piensas?

—*Que Mónica es una "puta" y se va a enterar ahora cuando me la encuentre.*

—Bueno Carla es mejor que no busquemos otro problema y nos centremos en resolver este conflicto entre vosotras, ¿cómo creéis podemos solucionar este problema?

(El orientador mira a Carla y Celia y con la vista las interroga).

—*Pues… Yo ya no voy a pegar a Celia, porque no quiero que haya espectáculo a la puerta del instituto, ¡que se joda la gente!*

—*Yo voy a ponerla un WhatsApp a la Mónica y la voy a decir que es una zorra y que la voy a dar.*

—Bueno, creo que debemos centrarnos en este problema y no crear otros que lo hagan más grande.

Fase 5: *El acuerdo*

—Por favor, ¿creéis que podemos encontrar una solución en la que no intervenga la violencia?

—*¡Celia! No te parece que si nos ven que no nos pegamos y que sale una detrás de la otra, la gente se va a quedar con ganas…*

—*Me parece bien, que se queden con ganas…*

—Muy bien Carla, muy bien Celia, yo creo que encontrasteis una solución al problema. Que **no** os peguéis seguro que os beneficia a las dos y al
resto de compañeros y compañeras de clase. ¿Os parece ahora que vayamos
a mi despacho y allí esperamos hasta que llegue la hora?

—Si Vale,

—Si de acuerdo.

—Yo subiré a la clase a por vuestras mochilas para que así podáis salir
juntas. Mañana volveré a hablar con vosotras para ver lo que ha pasado
por la tarde.

Las alumnas no se agredieron. Al día siguiente, a primera hora, fueron juntas al despacho del orientador y le dijeron que por la tarde habían
estado hablando por redes sociales y que el problema entre ellas ya estaba
solucionado.

Caso 8. Éramos amigos de toda la vida en el pueblo, ahora nuestras hijas se han pegado y ni nos saludamos
Un caso de mediación entre dos padres de dos alumnas

Dos alumnas que viven en el mismo pueblo se han peleado a la salida del centro al ir hacia el transporte escolar. El conflicto se ha resuelto utilizando la Mediación Escolar pero ya se había extendido a las familias y había tenido consecuencias en la relación de los padres de ambas alumnas. Los dos padres eran amigos en el pueblo desde niños y a raíz del conflicto entre sus hijas la relación se ha roto y se ha deteriorado hasta el punto de no saludarse e incluso enfrentarse a voces en la calle, acusándose mutuamente de lo que estaba pasando.

Desde el Equipo de Mediación del centro compuesto por estudiantes, padres y profesorado, se les ofrece la mediación para intentar resolver el conflicto, en vista de que esta situación podría agravarse y también podría ser la causa de que el conflicto entre las alumnas volviese a producirse.

La mediación se realiza una tarde del mes de enero en una sala cedida por el Ayuntamiento del pueblo donde viven estos padres. Acuden dos profesores pertenecientes al Equipo de Mediación, acordados previamente con las partes.

Se ha hablado por separado con cada uno, en la premediación, ambos están muy disgustados, enfadados, con pena y mucho malestar y no se explican cómo han llegado a esto después de haber sido tan amigos desde niños.

Fase 1: *Entrada*

—Buenas tardes Pedro, buenas tardes Andrés. Habéis decidido voluntariamente utilizar el sistema de mediación que ofrece el centro de vuestras hijas para intentar solucionar el problema que estáis teniendo. Ya nos conocéis, el es Aurelio y yo soy Jorge.

—Para poder ayudaros mejor, tenemos que establecer una serie de normas para esta sesión, que todos debemos respetar. Las normas son las siguientes (*se enumeran las normas que aparecen en el Anexo*).

Los mediadores relatan las normas básicas y el funcionamiento del proceso de mediación, buscando la comprensión y la aceptación de las personas en conflicto.

—¿Habéis entendido las normas?

—*Sí; Sí*

—Si estas normas no se cumplen en algún momento, podremos dar por finalizada la mediación.

Fase 2: *Cuéntame*

—Por favor, Pedro puedes contarnos lo que ha pasado.

—*El problema es por las chavalas que no se llevan bien y la suya insulta todo el tiempo a la mía. En verano ya pasaba en el pueblo y su hija y otros chicos la insultaban por la calle. Un día tuve que llamarles la atención delante de todo el pueblo, en el parque, y me faltó poco para llegar a las manos. Luego él dice (señalando a Pedro) que mi mujer amenaza a su hija, ¡Su mujer sí que amenaza a la mía!*

—Pedro..... perdona, te pediríamos que cuando te refieras a Andrés lo hagas por su nombre, así todo quedará más claro y es importante llamarnos por el nombre en este proceso. ¿Estás de acuerdo?

—*Sí, sí, lo siento, es que estoy un poco nervioso.*

—Es normal, estáis preocupados desde hace tiempo por lo que está pasando, pero para eso estamos aquí, para intentar, con tranquilidad, buscarle una solución y nosotros os vamos a ayudar.

—Bien Pedro, ¿Quieres añadir alguna cosa más?

—*De momento no.*

—Gracias Pedro. Ahora, Andrés, ¿Puedes contarnos tu versión de lo sucedido?

—Pues sí, todo empezó desde el verano, que su hija se mete con todos los chavales del pueblo y no la aguantan. No quieren admitir que tiene un problema y además la creen en todo lo que les dice, sin preguntar. Yo me informo para creer o no a mi hija. Ellos se creen todo lo que les dice. Yo hablé con la madre de Pedro, la abuela de la niña, para ver si se paraba la cosa, y me dio unas voces que mejor no haber hablado. Ahora las niñas se han pegado en el instituto y Pedro me ve por la calle y gira la cabeza para no saludarme, entonces yo también. Su mujer llamó a la mía por teléfono y le montó la bronca, lo que faltaba.

Fase 3: *Situar el conflicto*

—Parece ser que el problema surgió en el verano pasado entre los niños del pueblo a partir de insultos. Luego los padres defendísteis a vuestras hijas y también vuestras mujeres hablaron por teléfono, e incluso tú Andrés tuviste una conversación con la madre de Pedro. Todas estas conversaciones no acabaron demasiado bien y la tensión aumentó, os dejasteis de hablar y ahora vuestras hijas también se han pegado en el instituto. ¿Os parece que es esto resume lo que ha pasado?

—*Sí.*

—*Sí.*

—Bien Pedro, ¿Puedes aclararnos un poco más cómo fue lo que pasó en el parque y con quiénes?

—Pues iba yo con mi hija por la calle en el pueblo y me dijo que eran los chicos y las chicas que la insultaban, que la llamaban gorda y loca. Entonces desde lejos les dije que dejasen de hacerlo porque sino se las verían conmigo. Que no la volviesen a hablar, que eran unos sinvergüenzas y que iba a hablar con sus padres.

—¿Y cómo reaccionaron?

—Nos insultaron a nosotros y nos llamaron locos y empezamos a dar más voces.

—Andrés y ¿cuándo hablásteis Pedro y tú de este incidente y de lo que estaba pasando?

—Al día siguiente, porque mi hija vino diciendo a casa que Pedro les había insultado y amenazado por la calle y que lo habían visto todos.

—Pero es que empezaron ellos, yo solo les estaba advirtiendo para que no volviesen a insultar a mi hija y que no la hablasen más.

—¿Y a partir de ese día ya no habéis vuelto a hablar hasta ahora?

—Eso es, no me entendió y Pedro solo cree a su hija sin preguntar a ver qué pasó de verdad.

—Lo que pasa es que la tienen tomada con mi hija y la llaman loca porque su madre tienes problemas de salud.

—Pero Pedro, ella también se mete con los demás y les insulta, que tú lo sabes.

—Bueno, si, es verdad, son chavales y al final no se sabe quién empezó

—Además, también es que la gente viene a calentarte la cabeza y entonces se lia más.

—Si , eso sí que es verdad.

—¿Andrés nos puedes aclarar un poco más esto que dices?

—Pues que ya desde el verano por el pueblo cada vez que te encuentras a alguien te dice "vaya la que está liando tu hija con la de Pedro" y así todos los días. Que su hija estaba loca y se medicaba y era la culpable y que hiciera algo para pararles los pies.

—A mí también, sobre todo la familia me presionaba que tenía que hacer algo para parar a la hija de Andrés y a sus amigos. Entonces ese día en el parque estallé y fui a por ella y a por los demás.

—Entonces parece ser que el conflicto se produce entre vuestras hijas, aunque también intervienen otros jóvenes del pueblo. Después otras personas de la familia y otros vecinos os han presionado para defender a vuestras hijas, eso os ha llevado a tener un enfrentamiento entre vosotros, aunque antes erais muy amigos. Además, vuestras hijas a consecuencia de todo este conflicto se han peleado en el centro educativo, con lo que el problema se ha agravado. ¿Os parece que esto resume lo que ha pasado?

—Si, sí.

—Pedro, ¿Cómo te sientes con todo esto?

—Estoy muy hundido, muy nervioso todo el día y mucha tensión en el pueblo. Hemos perdido la relación con casi todo el mundo. No sé, no le veo solución.

—Andrés y tú ¿Cómo te sientes con lo que está pasando?

—También muy cabreado porque por una cosa de las niñas estamos así y llevamos tiempo en esta situación. No me gusta estar así en el pueblo, todos nos conocemos y Pedro y yo éramos los mejores amigos desde pequeños, pero aquí somos así de radicales y todos creemos que tenemos razón.

Fase 4: *Buscar soluciones*

—Bien, ahora que tenemos claro lo que ha pasado y como estáis cada uno, os habéis escuchado, ¿Pedro, que necesitarías para sentirte mejor y que este problema se fuese resolviendo?

> *—No sé, estoy muy triste por esto, me gustaría volver a la normalidad.*

—¿Se te ocurre alguna cosa más concreta?

> *—Pues que le dijésemos a nuestras hijas que se respeten una a la otra, que eso es lo más importante.*

—¡Bien Pedro! Y tú Andrés, se te ocurre alguna cosa.

> *—Pues que no nos metamos los padres en los problemas de las niñas.*
>
> *—También les podemos decir que se ignoren.*

—Bien, ¿Y para arreglar vuestra relación se os ocurre alguna idea?

> *—Yo estoy dispuesto a quedar con Pedro, cuando él quiera, a tomar un café y hablar tranquilos, sin familia y gente del pueblo.*
>
> *—A mí eso me parece bien, quedamos los dos a tomar algo en el bar del pueblo, así nos ven los demás y se callan un poco.*

Fase 5: *El acuerdo*

—Muy bien Pedro, muy bien Andrés, habéis buscado varias posibles soluciones. Os parece que el acuerdo podría ser:

1. Hablar con vuestras hijas para decirles que lo más importante es que se respeten entre ellas.

2. Quedar vosotros dos para tomar un café, hablar tranquilamente y poder recuperar vuestra antigua relación.

> *—Si, por mí está bien.*
>
> *—Yo, si quieres Pedro, vamos ahora mismo y tomamos ese café.*
>
> *—Por mi perfecto, lo tomamos ahora.*

—Pedro, Andrés, lo habéis hecho muy bien. Seguro que esto será muy bueno también para vuestras hijas, y para la gente del pueblo, porque les habéis dado un ejemplo de cómo se solucionan las cosas. Os agradecemos que aceptaseis la mediación y estamos muy contentos de haberos podido ayudar.

> *—Gracias a vosotros por ayudarnos y también por ayudar a nuestras hijas.*
>
> *—Lo mismo digo, gracias por todo.*

Caso 9. ¡A mí no me hables así, te voy a denunciar como sigas hablándome así!
Un caso de mediación entre el personal de limpieza del centro escolar

Este caso de mediación que hoy os traigo vuelve a ser una demostración de que la existencia de un Equipo de Mediación donde no solo haya alumnado, sino también adultos, profesorado, personal no docente, familias, constituye una herramienta muy potente para la gestión de conflictos escolares que, en ocasiones, son externos a la propia práctica docente, al trabajo de enseñanza-aprendizaje o a la gestión reglamentaria de problemas de convivencia.

Se trata de un conflicto entre las tres personas que componen el personal de limpieza de un centro educativo, dos mujeres y un hombre.

Los mediadores son un profesor y una profesora, Coordinadora de Convivencia del centro ella, que forman parte del Equipo de Mediación. La Coordinadora de Convivencia ha sido la que ha planteado la mediación a las partes en una primera entrevista con cada una por separado.

En esta primera toma de contacto cada persona le ha contado su visión de lo que estaba pasando y sus sentimientos en esta situación. También la mediadora ha indagado sobre las necesidades de cada una para sentirse bien, resolver la situación y estar a gusto en el trabajo.

Han aceptado la mediación y a la otra persona que será mediadora junto con la Coordinadora de Convivencia.

Fase 1: *Entrada*

—Buenos días Silvia, buenos días Ramón, buenos días Elena. Habéis decidido voluntariamente utilizar el sistema de mediación que ofrece el centro para intentar solucionar el problema que estáis teniendo. Ya nos conocéis, él es Jorge y yo soy María, y somos mediadores.

—Para poder ayudaros mejor, tenemos que establecer una serie de normas para esta sesión, que todos debemos respetar. Las normas son las siguientes (*explican las normas*).

Los mediadores relatan las normas básicas y el funcionamiento del proceso de mediación, buscando la comprensión y la aceptación de las personas en conflicto.

—¿Habéis entendido las normas?

—*Sí; Sí; Sí.*

—Si estas normas no se cumplen en algún momento, podremos dar por finalizada la mediación.

Fase 2: *Cuéntame*

—Bueno Silvia ¿puedes contarnos tu visión de lo que está pasando?

—*Pues que no podemos trabajar juntas con él, es imposible.*

—Perdona Silvia, es importante que nos llamemos por el nombre.

—*Vale. Con Ramón, desde hace más de un año no podemos trabajar. Hemos tenido varias broncas y él siempre nos falta al respeto.*

—*Eso, vosotras dos que siempre estáis metiendo cizaña.*

—Espera Ramón, es necesario que mantengamos los turnos de palabra y os escuchéis si queremos resolver esto. Te dejaremos todo el tiempo que quieras para contar tu versión, pero ahora por favor escucha a Silvia sin interrumpirla. ¿Estás de acuerdo?

—*Si claro, claro.*

—Silvia continua por favor.

—*Lo que decía que hemos llegado a un punto en el que si está él, perdón, Ramón, es mejor que nosotras no estemos, porque cuando nos habla es a malas y de malas formas y yo no tengo por qué aguantar esas maneras.*

—De acuerdo, gracias, Silvia. Ramón. Ahora, ¿puedes contarnos por favor tu visión de lo que está pasando?

    —Yo lo que quiero es que dejen de controlarme, que no estén a la que salta. Yo hago mi parte y ya está, que no me hablen pero que tampoco me controlen. Nada más.

—Gracias Ramón; ahora tú Elena, por favor cuéntanos tu versión de lo que está pasando entre vosotros.

    —Lo que decía Silvia, son las maneras sobre todo en cómo nos trata Ramón. Se cree el jefe y no lo es, somos los tres iguales.

Fase 3: *Situar el conflicto*

—Silvia, por favor, ¿puedes aclararnos desde cuándo está pasando esta situación?

    —Pues yo creo que llevamos ya más de año y medio así. Antes todo era más normal.

—¿Y, en qué momento crees que se produjo el cambio en la relación?

    —Cuando se cambiaron los turnos la última vez y los espacios de trabajo de cada uno.

—¿Ramón te parece que ese fue el momento y lo que hizo que la relación cambiara entre vosotros?

    —Puede ser. Antes compartíamos el coche entre los tres y un día me dijeron de malas formas que ya no veníamos juntos y ahí se rompió la relación. Sobre todo, por cómo me lo dijeron.

—Elena, y tú, ¿cuándo crees tú que se produjo el problema?

    —Si, esas dos cosas que han dicho ellos, pero también yo creo que fue cuando llegó Cristina (la nueva conserje), ahí Ramón no se llevaba con ella. Antes nos reuníamos en la conserjería para ver el trabajo del día, pero desde que llegó Cristina se paró eso y la relación se rompió. Ahora ya no teneos coordinación y si hay que hacer algo extra es más complicado ponernos de acuerdo.

    —Yo también creo que eso influyó y nosotras dejamos de ir con Ramón en el coche porque llegábamos tarde y además él conduce muy rápido, y a nosotras nos daba miedo, así que venimos solas nosotras y Ramón que llegue cuando quiera.

    —Pero a mí me dolieron las formas en las que me lo dijisteis. Yo respeto a todo el mundo y pido respeto para mí. A voces no se dicen las cosas.

    —Pero tú también nos has dado voces varias veces, por eso te dejamos de hablar.

—*Vale, vale, pero si me hablas a voces pues cómo te voy a contestar, y siempre metiendo cizaña.*

—Bien, creo que estamos aclarando y situando lo que ha pasado, lo estáis haciendo muy bien. Si hemos entendido, toda la situación se complicó en dos momentos: cuando se cambiaron los turnos y las zonas de limpieza, por un lado, y, por otro, cuando llegó una persona nueva a la conserjería con la que Ramón no tenía una buena relación y eso impidió seguir haciendo reuniones previas al trabajo. También a esto se unió que dejasteis de compartir el coche por varios motivos y las formas de comunicaros esto, entre vosotros, quizás no fueron muy amables y eso complicó más el problema que ya estaba creado por los otros elementos. ¿Os parece que esto es lo que ha pasado?

—*Sí, sí, sí,*

—Si os parece vamos a hablar ahora sobre las formas en las que os habéis dicho las cosas y cómo os ha afectado esto. ¿Ramón quieres empezar tú?

—*Ya lo dije, yo pido respeto para mí. A míi me parece que eso no son formas y a mí me sentó muy mal.*

—*Pues para mí es muy violento cuando él nos da voces y se pone tan nervioso. Es que venir a trabajar así es un suplicio.*

—*Yo ahora ya lo aguanto, pero hubo días muy malos y marchas de aquí con el cuerpo fatal.*

—Vemos que los tres lo habéis pasado mal y os afecta mucho personalmente y también en el trabajo. ¿Estáis de acuerdo en que los tres lo habéis pasado mal durante todo este tiempo que dura el conflicto?

—*Sí, sí, sí.*

Fase 4: *Buscar soluciones*

—Bueno, pues ahora es el momento de pensar en el futuro y buscar algunas cosas que podáis hacer para cambiar esta situación que tanto os afecta y en la que ninguno de los tres estáis a gusto ¿se os ocurre alguna idea? ¿Silvia?

—*Lo primero hablarnos bien. Sin eso es imposible solucionar esto.*

—Y tú Ramón ¿alguna cosa que se pueda hacer?

—*Si, lo que dice Silvia está claro. Respetarnos cuando nos hablemos.*

—Elena ¿tienes alguna propuesta?

—*De acuerdo con ellos, pero además tendríamos que volver a reunirnos para ver el trabajo del día. Porque si no con estaba es un lio.*

—¿Se os ocurre alguna cosa más?

—Yo creo que también tenemos que apuntar las cosas extras en algún sitio donde las veamos los tres porque si no se quedan sin hacer.

Fase 5: *El acuerdo*

—Los habéis hecho muy bien, creemos que las soluciones que habéis aportado están muy bien, vamos a resumirlas para ver si puede ser un acuerdo entre los tres.

—El acuerdo sería el siguiente:

1. Hablarse de manera normal y educada, sin agresividad.
2. Reunirse a diario antes de iniciar el trabajo para planificarlo.
3. Apuntar en algún sitio los trabajos extras de cada día para que los tres lo sepáis.

—¿Os parece que estos tres elementos podrían ser el acuerdo?

—Si, si, si. Podemos crear un libro para incidencias y extras de limpieza donde tengamos esas cosas.

—Perfecto, os parece que podemos firmar este acuerdo.

—Si, si, si.

—Gracias a los tres por haber aceptado la mediación para resolver este problema que teníais. Lo habéis hecho muy bien y esperamos que más allá del acuerdo, la mediación os haya servido para estar más tranquilos y poder venir a trabajar con una mayor normalidad.

Ahora redactaremos el acuerdo para firmarlo y os daremos una copia a cada uno. Si es necesario podemos reunirnos dentro de un tiempo y ver cómo van las cosas. Gracias de nuevo.

Caso 10. Un caso complejo de Mediación Familiar desde el sistema de Mediación Escolar
Un caso de mediación entre un hijo y sus padres.

Este caso es quizá uno de los más complejos a los que me he enfrentado como mediador escolar. Para poder realizar este tipo de intervenciones, que afectan a varios miembros de una misma familia, es necesario que el sistema de mediación del centro esté muy asentado y que existan personas adultas muy formadas en las técnicas de la mediación para poder ayudar en su resolución.

Un alumno de 3º de la ESO se escapa de su casa después de una discusión con sus padres por el consumo de tabaco. El padre se pone violento y le insulta y casi llega a agredirle mientras la madre intenta calmar las cosas y hablar con el hijo. Al día siguiente el chico hace la maleta y se va de casa, aconsejado por unas compañeras a través del WhatsApp. Acude a la casa de un familiar de la madre, con el que la familia tenía un conflicto previo, porque una compañera vive en esa casa y se lo ha dicho en un mensaje. El alumno deja una nota al irse diciendo que los quiere, pero que es un mal hijo.

El padre y el abuelo al enterarse se ponen a buscarlo por todo el pueblo y piensan que puede estar en casa de este familiar. Se presentan allí y se produce una pelea entre los adultos en la que el chico también sale mal parado. Acude la Guardia Civil y se cursan denuncias entre los adultos por agresiones. El alumno vuelve a su casa en un estado de muchos nervios y miedo por la situación tan violenta que se ha creado.

Desde el centro educativo se conoce la situación porque el alumno se lo cuenta al director y a la Coordinadora de Convivencia, y solicita ayuda para poder resolver el conflicto en casa. Se habla con los padres que también aceptan la ayuda del centro y se les propone realizar dos procesos de mediación entre el alumno y su madre primero, y después entre el alumno y su padre. Una vez realizados se estudiará la conveniencia de juntar a los tres si fuera necesario.

Mediación entre el alumno y su madre

Fase 1: *Entrada*

—Buenos días Isabel, buenos días Andrés. Habéis decidido voluntariamente utilizar el sistema de mediación que ofrece el centro para intentar solucionar el problema que estáis teniendo. Ya nos conocéis, ella es Marisa y yo soy Jorge y somos mediadores.

—Para poder ayudaros mejor, tenemos que establecer una serie de normas para esta sesión, que todos debemos respetar. Las normas son las siguientes (*se indican*).

Los mediadores relatan las normas básicas y el funcionamiento del proceso de mediación, buscando la comprensión y la aceptación de las personas en conflicto.

—¿Habéis entendido las normas?

—*Sí; Sí; Sí.*

—Si estas normas no se cumplen en algún momento, podremos dar por finalizada la mediación.

Fase 2: *Cuéntame*

—Ahora Andrés puedes contarnos tu versión de lo que ha pasado por favor.

—*Que me fui de casa…….Tuvimos una discusión en casa porque mis padres me encontraron el tabaco y no quieren que fume, y mi padre se puso a insultarme como un loco y me amenazaba con el puño y me decía que les iba a destrozar la vida y que ya estaban hartos de mí. Así que al día siguiente hice una bolsa con ropa y me fui de casa.*

—Isabel ahora cuéntanos según tú qué es lo que ha pasado.

—Es que ya es la segunda vez que hace esto. Le habíamos dicho que dejase el tabaco porque sospechábamos que fumaba otras cosas y como hemos tenido en la familia personas que se han enganchado a esas sustancias, pues no queremos que él caiga también. Entonces su padre ya no podía más y, claro, le gritó y le dijo cosas, porque ya no podemos más.

Fase 3: *Situar el conflicto*

—¿Isabel puedes aclararnos un poco más lo que has comentado sobre que era la segunda vez?

—Sí claro, la semana anterior ya había hecho lo mismo porque se había marchado a casa de su abuelo y fue su padre y hablaron y volvió. Pero esta vez se fue a casa de mi excuñado, que nos ha hecho muchísimo daño a la familia y lo sigue haciendo y eso su padre no puede aguantarlo y por eso fue a por él.

—Andrés, ¿cómo fue tomar la decisión de marcharte de casa?

—Pues muy difícil, hasta les dejé una nota. Pero es que tenía miedo.

—¿Por qué tenías miedo?

—Por cómo se pusieron, sobre todo mi padre. Me empujó, me gritó, me insultó como un loco y pensé que me iba a dar una paliza.

—Isabel, ¿quieres añadir alguna cosa a lo que está diciendo Andrés?

—¿Pero qué miedo tenías? Tu padre nunca te ha pegado, pero es que le sacaste de sus casillas y como era otra vez lo mismo que la semana anterior, y más veces que se te ha dicho. Pero cuenta también quién te dijo que te fueras.

—¿Eso qué tiene que ver?

—Pues tiene mucho que ver porque te están manipulando y calentándote la cabeza desde hace mucho.

—¿Andrés quieres aclararnos esto que comenta tu madre?

—Vale, pero me fui porque quise. Soraya, una chica de clase, me mandó un mensaje que me fuese para su casa, que su padre estaba de acuerdo, que mis padres no me podían pegar.

—El padre de Soraya es mi excuñado del que hablé antes. Además, anda con ese grupo de chicos que no hacen nada bueno y consumen y yo no quiero que entre en ese mundo porque ya lo he vivido en mi familia.

—Entonces el conflicto surge cuando tus padres encuentran el tabaco y se crea una situación de tensión con voces, insultos y amenazas de agresión. Entonces tú, Andrés, se lo cuentas a tu compañera del instituto Soraya y ella te dice que vayas a su casa que su padre lo sabe y está de acuerdo. Por otro lado, el padre de Soraya y tus padres tiene una mala relación desde hace mucho tiempo. Cuando tú Isabel y tu marido os enterasteis de que estaba en casa de esta persona os enfadasteis mucho más. También tus padres piensan que tu grupo de amigos no es bueno para ti y están preocupados por el consumo de tabaco y alguna cosa más ¿Os parece hasta aquí que esto es lo que ha pasado?

—*Sí, sí.*

—Andrés ¿cómo crees que se sintieron tus padres al llegar a casa y enterarse de que te habías ido?

—*No sé, ya se lo explicaba en la nota que los quería, pero no podía seguir así. Me asusté.*

—¿Qué crees que sintieron?

—*Tristeza, pena. Estarían preocupados.*

—Isabel ¿cómo crees que se sintió Andrés para tomar la decisión de marcharse de casa?

—*Supongo que lo que él dice, que tenía miedo a su padre, que le pegase. Pero nunca le ha puesto la mano encima, aunque a veces le grita porque ya no puede más. No deja de darnos disgustos.*

Fase 4: *Buscar soluciones*

—Lo estáis haciendo muy bien, ahora vamos a intentar buscar alguna solución a lo que ha pasado. Andrés, ¿qué podrías hacer tú para ayudar a resolver este conflicto?

—*Pedirles perdón por lo que ha pasado. Intentar estar mejor en casa.*

—¿Y tú Isabel qué podrías hacer?

—*No sé, yo lo que quiero es que no nos mienta, porque nos engaña continuamente, con las notas, las faltas a clase, el tabaco……*

—De acuerdo Isabel, ¿cómo podríamos hacer para intentar recuperar vuestra relación?

—*Lo primero que no nos mienta y que deje de andar con esas compañías que lo único que le van a traer son problemas y cosas peores.*

—Bien, y tú, Isabel, ¿qué podrías hacer?

—*Pues intentar hablar con él con más calma, porque últimamente todo son broncas y gritos cuando hablamos.*

—¿Se os ocurre alguna solución más?

—Ahora que vienen las vacaciones, aclarar las horas que puede salir, que puede ir a entrenar al fútbol y todo lo demás.

—Muy bien, habéis aportado muchas cosas, ahora vamos a analizarlas y a decidir cuáles ponemos en el acuerdo final. Andrés, tú planteas pedirles perdón a tus padres y además te comprometes a mejorar tu comportamiento a partir de ahora. Tú, Isabel, le pides que no os mienta, que deje el grupo de amigos, que tú y tu marido intentaréis hablar con más calma cualquier problema en casa y por último planteas poner unas normas claras para las vacaciones. ¿Os parece que esto es lo que habéis planteado?

—Sí, sí.

Ahora se analizan cada una de las opciones planteadas descartando aquellas que no se pueden hacer o en las que no existe acuerdo.

Fase 5: *El acuerdo*

—Bien, entonces, ¿Os parece que el acuerdo podría quedar de la siguiente forma?

—Tú Andrés te comprometes a pedirle perdón a tus padres por haberte marchado de casa y además intentarás mejorar tu comportamiento a partir de ahora y no mentirles.

Tú Isabel te comprometes a controlar las formas en las que habláis las cosas tu marido y tú con Andrés en casa cuando tenéis cualquier problema.

Los dos os comprometéis a crear juntos unas normas para el periodo de las vacaciones.

¿Os parece que esto es lo acordado?

—Sí, sí.

—Muy bien, creemos que habéis hecho un gran trabajo y habéis conseguido hablar de cosas que os preocupaban y además llegar a un acuerdo bueno para los dos. Esperamos haberos ayudado y que las cosas vayan muy bien a partir de ahora. Gracias.

Mediación entre el alumno y el padre

En esta segunda mediación suprimimos la fase de entrada que sería similar a la realizada entre la madre y el hijo.

Fase 2: *Cuéntame*

—Hola de nuevo Andrés, ¿puedes contarnos lo que ha pasado para que tu padre lo escuche?

> —*Si claro. El otro día me fui de casa porque tuvimos una discusión muy fuerte por el tabaco y mi padre se puso como loco y me insultó y me amenazó. Así que marché a casa del padre de Soraya porque pensaba que me iba a matar. Tenía miedo.*

> —*¡Pero que dices, quién te iba a matar! Qué tontería es esa.*

—Espera Alfonso, como os hemos dicho al principio los dos tendréis el tiempo necesario para decir lo que queráis, ahora te daremos la palabra para que puedas contarnos tu visión del problema, deja que tu hijo acabe y luego podrás contar lo que quieras para que él te escuche. ¿Estás de acuerdo?

> —*Sí, lo siento.*

—Bien, Andrés ¿quieres añadir alguna cosa más a lo que has dicho hasta ahora?

> —*Es que, se puso como loco y tuve miedo y por eso me fui. No quería estar allí. Me llamó gilipollas y me levantó la mano, creí que me pegaba y me dio unos empujones.*

—Gracias Andrés. De acuerdo Alfonso, ahora, ¿puedes contarnos según tú lo que ha pasado?

> —*El jueves llegué a casa del trabajo, muy tarde porque llevo cuatro semanas doblando turnos, y me dice su madre que le encontró el tabaco otra vez. Ya le habíamos dicho que no fumase y menos de lo otro que ya había tenido bastantes problemas con las drogas su tío, mi hermano, y que dejase esas amistades que le llevaban por el mal camino... Lo siento, es que estoy un poco nervioso (el padre llora).*

—No te preocupes, no tenemos prisa, tómate tu tiempo. Estamos aquí para intentar ayudaros a solucionar las cosas y seguro que lo vais a hacer muy bien. No pasa nada, es normal estar nervioso y muy afectado por lo que os ha pasado. No es una situación agradable ni fácil, pero es posible solucionarla y por eso estáis aquí, porque queréis solucionarla y eso es el primer paso para poder hacerlo. Alfonso, cuando tú quieras continua con lo que nos estabas contando.

> —*Gracias, Yo perdí los nervios. Es que se ha hecho muy mentiroso y no podemos creele nada. Cuando supe que había ido a casa de esta persona me llevaron los demonios, porque ese hombre nos ha hecho*

mucho daño y ahora sigue. Yo trabajé con el y consumía y vendía. Me
fui a buscarlo y nos peleamos en la calle. Vino su abuelo conmigo y se
llevó a Andrés. Nada más.

Fase 3: *Situar el conflicto*

—Hasta aquí parece que los dos coincidís en que el conflicto se genera
en esa discusión en casa sobre el tabaco, pero hay otras cosas que han complicado la situación, como que Andrés se marchó a casa del padre de una
amiga con el que tenéis una relación muy mala. Además, tú Alfonso crees
que tu hijo os miente a menudo y tienes miedo, por experiencia familiar, de
que consuma otras cosas más que el tabaco. Tú Andrés decidiste marcharte
de casa porque tenías miedo de tu padre por cómo se puso en la discusión,
creías que te iba a pegar.

—¿Alfonso nos puedes aclarar lo que pasó cuando fuiste a buscar a
Andrés?

—Cuando vimos la nota que nos dejó me volví loco y salí a la calle a
buscarlo. Fue su abuelo el que pensó que habría ido a casa de esta persona,
porque siempre nos está intentando hacer daño desde que dejó a la hermana
de mi mujer. Me fui para su casa y allí estaba. Su abuelo ya había llegado
y estaba cogiendo a Andrés, el otro salió y nos peleamos. Creo que me ha
denunciado. No sé, fue una locura.

—Gracias Alfonso. ¿Estás bien? ¿Quieres que paremos un poco?

—*No, estoy bien.*

—Bien seguimos entonces. Ahora tú Andrés, ¿puedes contarnos que
pasó cuando tu abuelo y tu padre fueron a buscarte?

—No sé, todo pasó muy rápido, empezaron a discutir, primero mi abuelo
y luego mi padre y el padre de Soraya salió y se pegó con mi padre. Luego
mi abuelo me cogió y me metió en el coche y me llevó a casa. Yo estaba
muerto de miedo.

—¿Cómo te sentiste en ese momento?

—*Yo estaba muerto de miedo. Me hice pis encima.*

—Y tú Alfonso ¿cómo te sentiste en ese momento?

—*Estaba como loco, era la segunda vez que marchaba de casa,*
pero la otra vez se había ido a casa de su abuelo y fui a hablar con él
y lo arreglamos. Pero esta vez se fue a casa de este tío y me volví loco
porque pensaba que nos lo quería quitar, que lo quería poner en contra
nuestra para seguir haciéndonos daño.

© narcea, s.a. de ediciones

—Alfonso, ¿entiendes que tu hijo tuviera miedo como él dice?

—*No sé, supongo que sí. Pero yo no le he pegado nunca.*

—Andrés, ¿entiendes que tu padre pudiera sentirse como dice?

—*Sí, pero no es la primera vez que se pone así, no como esta vez. Esta vez fue mucho más.*

Fase 4: *Buscar soluciones*

—Muy bien, lo estáis haciendo muy bien y no es fácil. La situación ha sido complicada y es importante que se vaya aclarando y que podáis escucharos. Es un gran esfuerzo por vuestra parte. Vamos a intentar ahora buscar algunas vías de solución de lo que ha pasado. Después veremos cuales son posibles y si podemos acordar alguna. ¿Os parece bien?

—*Sí, sí.*

—Entonces, Andrés, ¿qué podrías hacer tú para ayudar a resolver este conflicto?

—*Pues si tanto les molesta, dejar de fumar o intentarlo.*

—¿Se te ocurre alguna cosa más?

—*Dicen que les miento mucho, pues dejar de mentirle, contarles las cosas bien.*

—Muy bien, y tú Alfonso ¿qué podrías hacer?

—*Yo lo que quiero es que no nos mienta y que se porte bien.....*

—Sí, eso parece que Andrés lo quiere hacer, pero tú ¿a qué podrías comprometerte para resolver la situación?

—*Controlarme más cuando hable con él. No perder los nervios y no gritarle.*

—Perfecto, eso es algo muy interesante. ¿Se os ocurre alguna solución más?

—*No, no.*

Fase 5: *El acuerdo*

—Bien, entonces, si os parece, el acuerdo podría quedar de la siguiente forma:

—Tú Andrés te comprometes a intentar dejar de fumar y a decirles la verdad a tus padres cuando habléis. Tú Alfonso te comprometes a controlar tus formas cuando hablas con Andrés y no utilizar nunca la violencia. ¿Os parece que esto puede ser un buen acuerdo?

—*Sí, sí.*

—Perfecto, mañana os juntaremos a los tres, para hacer la firma de los dos acuerdos de manera conjunta, el de Andrés con su madre y el vuestro. ¿Os parece bien?

—*Sí, sí.*

—Muy bien, creemos que habéis hecho un gran trabajo y habéis conseguido hablar de cosas que os preocupaban y además llegar a un acuerdo bueno para los dos. Esperamos haberos ayudado y que las cosas vayan muy bien a partir de ahora.

—Gracias y nos vemos mañana.

ANEXO **10**
Modelos de Documentos para realizar los procesos de Mediación Escolar

Todos los casos resueltos que hemos expuesto anteriormente han seguido un mismo Modelo de guion para realizar los procesos de mediación.

El primer modelo de documento que tenemos en este Anexo es la **solicitud** de la mediación, que debe hacerse por escrito, al menos por una de las partes, para que el proceso de ponga en marcha. Después iremos a preguntar a la otra parte si acepta la mediación y en ese caso, también contará lo ocurrido por escrito en el modelo. Será la primera versión de cada persona y la primera vez que lo cuenten. También en este documento elegirán a los mediadores.

El segundo documento es para la fase de la **premediación**, donde los mediadores hablan por separado con cada parte y escuchan su versión de los hechos. Será la segunda vez que lo cuenten, ya que la primera fue en el documento de *solicitud*.

Por último, una vez que hemos hablado por separado con cada persona, las juntaremos en un espacio adecuado para realizar la mediación y utilizaremos el documento de las fases de la **mediación**, que sirve a la vez de guion para los mediadores, con frases concretas que deben verbalizar, y también sirve de hoja de anotaciones de los elementos importantes que las personas cuentan y podemos utilizar para clarificar, resumir, parafrasear, etc., y ayudar en la resolución.

Estos Modelos de Documentos han sido utilizados en multitud de casos de mediaciones escolares y han demostrado su validez y fiabilidad.

MODELO DE DOCUMENTO
PARA LA SOLICITUD DE LA MEDIACIÓN

Personas que han tenido el conflicto: *(indicar nombre y si son alumnos, profesores o padres. Los alumnos indicarán también el curso):*

Persona que solicita la mediación:

DESCRIPCIÓN DEL CONFLICTO

¿Dónde sucedió?

¿Cuándo sucedió? (día, hora)

¿Cómo sucedió el conflicto?

Otros comentarios o datos de interés que quieras hacer llegar a los mediadores:

Elige dos mediadores/as de los que aparecen en el cartel del Equipo de Mediación, al menos uno de ellos estará en la mediación:

MODELO DE DOCUMENTO
PARA LA PREMEDIACIÓN

Personas que acude a la premediación: *(indicar nombre y si son alumnos, profesores o padres. Los alumnos indicarán también el curso):*

¿Dónde, cuándo y cómo sucedió el conflicto? *(Resumen y descripción general)*

Aclarar datos, sentimientos, intereses, necesidades.....

- ¿Qué relación tiene cada uno con la otra parte?

- ¿Qué sentimientos le produce el conflicto a cada persona?

- ¿Tiene intención y quiere solucionar el conflicto?

- ¿Qué necesitas, qué le pediría a la otra parte para ver el problema solucionado?

- ¿Puede aportar alguna idea de cómo se podría resolver el conflicto?

EL GUIÓN DE LA MEDIACIÓN ESCOLAR

1. PRESENTACIÓN Y EXPLICACIÓN DEL PROCESO (*Crear Clima*)

Al inicio de la sesión de mediación, los mediadores comentarán algunos aspectos del desarrollo; establecimiento de una serie de normas que se deben cumplir durante el proceso.

Mirando a cada una de las personas:

- ¡Buenos Días¡

  Nos llamamos..y...............................
  somos los/as mediadores.

- Habéis decidido voluntariamente venir a mediación para solucionar el problema que tuvisteis.

- Vuestros nombres son: ....

- Para poder ayudaros mejor, tenemos que establecer una serie de normas para esta sesión, que todos debemos respetar. Las normas son las siguientes:

- Se establecerán turnos de palabra para contar el problema que habéis tenido.

- Mientras que uno habla el otro permanecerá en silencio escuchándole. No se puede interrumpir el discurso de la otra persona. Vais a tener el mismo tiempo para intervenir.

- No está permitido: dar voces, insultarse, faltar al respeto, utilizar motes, etc.

- No se consentirá ningún tipo de agresión.

- Lo que hablemos es totalmente confidencial y no deberá salir de este espacio.

Mirando a cada una de las personas:

- ¿Habéis entendido las normas?

- Si estas normas no se cumplen en algún momento, podremos dar por finalizado el proceso.

Los/as mediadores/as comentarán algunos de los aspectos de su papel en el proceso de la mediación:

- Nosotros no somos jueces, somos mediadores-as.
- No haremos juicios de valor ni de las personas ni de las opiniones.
- No os vamos a decir lo que tenéis que hacer.
- Nuestras intervenciones servirán para clarificar el problema.
- Trataremos de que lleguéis a un acuerdo.
- Nosotros/as no vamos a definir la verdad, no vamos a valorar lo sucedido, no vamos a aconsejaros sobre lo que tenéis que hacer.
- Si lo creemos necesario, y todos estamos de acuerdo, podemos realizar alguna sesión individual con cada uno/a de vosotros/as.

2. CUÉNTAME (*Cada una de las partes cuenta su visión del conflicto*)

Les daremos el tiempo necesario en una primera intervención. En las siguientes, se puede limitar el tiempo si vemos que se alarga mucho.

Se invitará a que cada una de las partes cuente lo sucedido, cómo lo ha vivido, los sentimientos que le produjo esta situación, qué ha significado para él/ella, Intentando que lo cuente con Mensajes YO.

Dirigiéndose a una de las personas

Por favor ....…................... ¿puedes contarnos lo que sucedió?

Una vez que haya intervenido una persona, se le pedirá a la otra que haga lo mismo. Es muy importante que, en este momento, no se interrumpan, que escuchen el relato de la otra persona en silencio.

PERSONA 1	PERSONA 2

¿Queréis añadir alguna cosa más a lo que habéis contado?

3. SITUAR EL CONFLICTO (*Escucha Activa / Hacer Preguntas / Empatía*)

En esta fase lo que vamos a intentar identificar y aclarar el conflicto, conocer el problema que han tenido en profundidad y lo que puede haber significado para cada uno de ellos o ellas.

Se utilizarán las técnicas aprendidas en la formación de mediadores.

Mirar, asentir y mostrar interés: **ESCUCHA ACTIVA**

- ¿Nos puedes aclarar un poco más lo referido a ....?: **CLARIFICAR**
- ¿Lo que quieres decir con .... es que.......................?: **PARAFRASEAR**

(preguntas abiertas para buscar sentimientos)

- Por favor, dinos cómo te sentiste en el momento en que...**MENSAJES "Yo"**
- ¿Entonces, en ese momento, sentiste que ....?: **REFLEJAR SENTIMIENTOS**
- ¿Lo que quieres decir en resumen es que ....?: **RESUMIR**
- ¿Cómo te sentirías tú si a ti te hubiese pasado lo mismo? Buscar **EMPATÍA**

Paciencia · Creatividad · Replantear Asuntos

Estructurar el Conflicto

PERSONA 1	PERSONA 2

4. BUSCAR SOLUCIONES (*Resumir*)

Los mediadores hacen un resumen de ambas posiciones y, sobre todo, de los intereses de cada parte, dejando clara la estructura del conflicto y los elementos positivos comunes.

Se informarán de hasta donde están dispuestos a llegar en el acuerdo cada una de las partes.

- ¿Cómo piensas tú que esto puede resolverse?
- ¿Qué cosas deberían cambiar para ello?
- ¿Qué crees que puedes hacer tú para ayudar a solucionar este problema?
- ¿A qué estarías dispuesto?
- ¿Qué podría pasar si no encontramos una solución?
- ¿Se os ocurre alguna idea para solucionar esto? (Posible "lluvia de ideas", si el proceso se estanca)

Resaltar los puntos favorables a los que hayan llegado en la fase anterior

Buscar INTERESES comunes y alejarse de POSICIONES inamovibles

Ser creativos y pacientes en la búsqueda de soluciones

POSIBLES SOLUCIONES:

---

5. EL ACUERDO

En este momento se trata de resumir los posibles acuerdos a los que han llegado las dos personas en conflicto.

- ¿Entonces Tú .... estarías dispuesto/a a ....
  y Tú .... estarías dispuesto/a a .... (*Esperar respuesta*)
- ¿Con esto pensáis que quedaría solucionado el problema? (Esperar respuesta)
- ¿Os parece bien a los dos esta solución? (Esperar respuesta)
- Bueno, el proceso ha resultado muy bien y os damos la enhorabuena
  a Ti .... y a Ti ....
  por el acuerdo al que habéis llegado.
- ¿Os parece adecuado que redactemos el acuerdo y lo firmemos? (*Esperar respuesta*)

ACUERDOS FINALES:

- ....
- ....
- ....
- ....

Firmas:

Muchas gracias por haber realizado este esfuerzo por solucionar vuestro problema de una forma pacífica y con el diálogo. Para cualquier cosa que necesitéis, el Equipo de Mediación del centro está a vuestra disposición.

Bibliografía

ADÁN, G. (2003). Relaciones entre grupos. En C. Rodriguez-Martín (coord.), *Psicología social*. Pirámide.

BISQUERRA, R., COLAU, C., COLAU, P., COLLELL, J., ESCUDÉ, C., PÉREZ-ESCODA, (coord.), (2014). *Prevención del acoso escolar con educación emocional. Con la obra de teatro Postdata*. Desclée.

BOQUÉ, M.C. (2003). *Cultura de mediación y cambio social*, GEDISA.

BOQUÉ, M.C. (2007). *Prevención de conflictos y mediación escolar*. Revista de Educación de Castilla-La Mancha.

BOQUÉ, M.C. (2018). *La Mediación va a la escuela. Hacia un buen plan de convivencia en el centro*. Narcea.

BOQUÉ, M.C. (2023. 2ª ed.). *Prácticas restaurativas para la prevención y gestión de los conflictos*. Narcea.

BOQUÉ, M.C. (2023). *En casa, en la escuela y el mundo, hablemos de todo en paz*. Narcea.

CAMPBELL, D. T. (1965). *Ethnocentric and other altruistic motives*. Nebraska Symposium on Motivation. Lincoln: University of Nebraska Press.

CASCÓN, F. (2008). *Educar en y para los conflictos*, Cátedra de la UNESCO sobre Paz y Derechos Humanos, Barcelona.

FHISHER, R., KOPELMAN, E. y KUPPER SCHNEIDER, A. (1996). *Más allá de Maquiavelo-Herramientas para afrontar conflictos*, Granica.

GERNIKA GOGORATUZ (1998). Caja de Herramientas, versión Pts. Curso internacional de capacitación para el entrenamiento de conflictos.

HEYDENBERG, W., HEYDENBERG, R. y PERKINS, S. (2003). *Conflict Resolution and moral reasoning*. Conflic Resolution Quartley.

LEDERACH, J.P. (1998). *Construyendo la Paz. Reconciliación sostenible en sociedades divididas*, Gernika Gogoratuz.

MASLOW, A.H. (1967). *Motivación y Personalidad*. Sagitario.

MOORE, C. (1986). *El proceso de mediación. Métodos prácticos para la resolución de los conflictos*. Granica.

OLWEUS, D. (1998). *Conductas de acoso y amenaza entre escolares*. Morata.

ORTEGA, R. (2010). *Agresividad injustificada, bullying y violencia escolar*. Alianza.

ORTEGA Y GASSET, J. (1959, 6ª ed.). *Ideas y Creencias*, Espasa Calpe.

PRADA DE PRADO, J. Y LÓPEZ GIL, J.A. (2007). *Proyecto Armonía*. Junta de Castilla y León.

PRADA DE PRADO, J. Y LÓPEZ GIL, J.A. (2010). *Mediación Escolar: Cuaderno para la formación de mediadores escolares.* www.bubok.es

ROZENBLUM, S. (2007). *Mediación. Convivencia y resolución de conflictos en la comunidad.* Graó.

REDORTA, J. (2007). *Cómo analizar los conflictos: la tipología de los conflictos como herramienta de mediación.* Paidós.

REDORTA, J., OBIOLS, M. Y BISQUERRA, R. (2005). *Emoción y Conflicto.* Paidós.

SÁNCHEZ GARCIA, M.L. (coord.) (2013). *Gestión positiva de conflictos y mediación en contextos educativos.* Reus.

SERRATE, R. (2007). *Bullying acoso escolar. Guía para entender y prevenir el fenómeno de la violencia en las aulas.* Ediciones del Laberinto.

STOUFFER, E.R. (1949) *The American soldier: Adjustment during army life* (vol. 1). Princenton University Press.

TORREGO SEIJO, J.C. (Coord..) (2006). *Desde la mediación de conflictos en centros escolares hacia el modelo integrado de mejora de la convivencia,* Graó.

URY, W. (2005). *Alcanzar la paz.* Paidós.

VINYAMATA, E. (2003). *Aprender mediación.* Paidós.

URUÑUELA, P. (2016). *Trabajar la convivencia en los centros educativos. Una mirada al bosque de la convivencia,* Narcea.

VIÑAS, J. (2004). *Conflictos en los centros educativos: cultura organizativa y mediación para la convivencia,* Graó.

TORREGO, J.C. (2017. 8ª ed.). *Mediación de conflictos en instituciones educativas.* Narcea

TURCHET, P. (2004). *El lenguaje de la seducción,* AMAT.

---

o

COLECCIÓN "EDUCACIÓN HOY"

Aquí puede consultar la información de todos los títulos publicados en esta Colección